SIMCA 1100

L'ancêtre de la compacte moderne

HEIMDAL

14
SIMCA
1100 GLS

Sommaire

Ci-contre.
Georges Héreil pose fièrement entre deux de ses plus belles réussites industrielles. Né en 1909 à Paris, ce grand capitaine d'industrie a commencé sa carrière comme assistant à la Faculté de Droit de Paris où il obtint une licence en 1928 avant de devenir liquidateur judiciaire en 1936. Dix ans plus tard, il est nommé président de la SNCASE après avoir été désigné quelques mois plus tôt pour liquider cette société d'aéronautique, devenue Sud-Aviation en 1957 par son regroupement avec la SNCASO. Démissionnaire de ce dernier en 1962 par opposition au projet Concorde, il est nommé à la tête de Simca pour succéder à Henri-Théodore Pigozzi qui quitte son poste le 31 mai 1963. Nommé vice-président de Chrysler International en 1966 tout en conservant son poste à Paris, il prend naturellement la direction de Chrysler France à sa création au 1er juillet 1970 avant de se retirer au 1er juillet 1971 pour devenir simple conseiller. Il s'éteint en 1980 à Genève, à l'âge de soixante-et-onze ans. Connu pour être le « Père de la Caravelle », le plus emblématique des avions de ligne français de l'époque, il est aussi celui qui a fait aboutir les études de la 1100, dont le projet a laissé sceptique plus d'un homme de chez Chrysler.

Voici un peu plus d'un demi-siècle déjà naquit la Simca 1100. Restée moins célèbre que l'emblématique Aronde ou l'attachante 1000, elle représente pourtant une étape marquante dans la grande aventure automobile. Avec elle s'est ouverte la voie des voitures ramassées, mais familiales, à l'aise à la ville comme à la campagne, sur la route des vacances comme sur le retour du supermarché. Avec ses quatre mètres de long, son arrière transformable, son grand espace dévolu aux passagers, sa variété de carrosseries et de mécaniques, elle préfigure un type de voitures que seule la vague récente des SUV chahute vraiment : elle est la pionnière de nos compactes modernes – titre que seules la confidentielle Autobianchi Primula et, dans une certaine mesure, la Renault 16, pourraient lui contester. Après quelques années pour s'habituer, la clientèle finit par adhérer massivement à cette proposition novatrice, si bien que la 1100 devient en 1972 la voiture la plus vendue en France : elle est la dernière à n'être ni une Peugeot ni une Renault à avoir atteint ce sommet. Avec cet ouvrage, l'*Aventure Automobile* vous propose de raviver les souvenirs et remuer les archives pour retracer l'histoire de la Simca 1100, des premières esquisses aux derniers feux, de sa genèse à sa présentation en passant par sa carrière commerciale en France et ailleurs.

1962-67 : LA GENÈSE D'UNE NOUVELLE GÉNÉRATION AUTOMOBILE

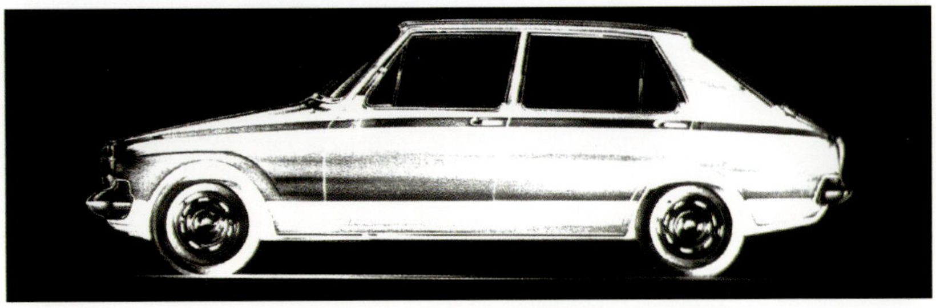

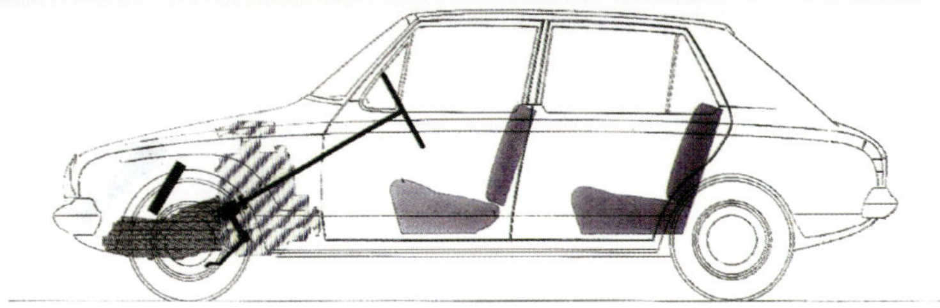

Ci-contre.
Si la silhouette bicorps est acquise dès le départ, le moteur transversal n'est choisi que plus tard. Pour l'heure, le schéma mécanique général rappelle celui des Renault R4 ou des Citroën ID et DS. Comme sur ces dernières, la roue de secours parvient à se loger sous le capot plongeant, au-dessus de la boîte de vitesses, ce qui libère le compartiment arrière. Contrepartie de cette architecture, le capot moteur doit être assez long, ou le moteur assez proéminent. Tel quel, le projet VMBB mesure 157,1 pouces de long, soit 399 cm : la barre des quatre mètres constitue en effet une donnée d'entrée du cahier des charges.

Le début des années 1960 constitue pour Simca un virage particulièrement difficile à négocier. Après trois décennies de patient développement sous la houlette de Henri-Théodore Pigozzi, la marque atteint, avec les Aronde P60, Ariane et Vedette, le deuxième rang parmi les constructeurs français, certes à respectable distance de Renault, mais devant Citroën, Peugeot et Panhard. L'entreprise est alors confrontée à un triple défi : gérer la passation de commandement entre Fiat et Chrysler, conserver ses positions en renouvelant sa gamme et préparer la seconde partie de la décennie. Avec le lancement de la 1000 dans les jantes de la Renault Dauphine en octobre 1961, puis la sortie des 1300-1500 pour succéder aux Aronde et Ariane en 1963, l'Hirondelle s'est dotée de belles cartes pour s'envoler à nouveau très haut dans les cieux des marchés automobiles. Avec 168 654 Simca 900 et 1000 produites en 1963, auxquelles s'ajoutent 65 848 Simca 1300-1500 pour leur année de lancement, le défi semble, à ce stade, à peu près relevé. Pour autant, la concurrence se renforce, se modernise. Les attentes et les besoins des clients, eux aussi, changent, au gré de l'évolution des modes de vie. À peine la marque accomplit-elle ces deux lancements qui mettent ses finances à rude épreuve, doit-elle penser déjà au coup d'après.

Penser la voiture moyenne des années 1970

L'évolution du marché de l'automobile en Europe laisse apparaître que les acheteurs souhaitent de plus en plus souvent disposer d'un engin qui concilie les avantages de la berline traditionnelle et ceux des utilitaires ; une voiture confortable, spacieuse, mais également transformable, dont la conception d'ensemble répond parfaitement à tous les besoins : il s'agit non seulement de disposer d'un outil de travail pratique la semaine, d'une automobile capable d'accueillir toute la famille le week-end tout en pouvant engloutir assez de bagages pour partir en vacances. La traction avant s'impose comme l'architecture la mieux adaptée pour répondre à ces impératifs : l'absence de tunnel de transmission libère de l'espace dans la cellule habitable, tandis que le moteur à l'avant donne la possibilité d'aménager un grand coffre transformable. Outre-Manche, la petite BMC 850, que nous connaissons aujourd'hui comme la « Mini », œuvre du visionnaire Alec Issigonis, montre par ailleurs que le moteur transversal constitue une solution efficace pour ménager le plus d'espace possible aux passagers et aux bagages[1].

1. *Diante Giacosa avait songé à cette architecture mécanique dès les années 1940. Les dirigeants de Fiat préférèrent persévérer dans le tout-à-l'arrière, pour des raisons de coût.* In GIACOSA, *Dante,* Mes quarante ans chez Fiat, *Ed Automobilia 1979.*

Ci-dessus.
Ces dessins de Claude Genest donnent une idée de l'état des recherches stylistiques en juin 1963, selon la légende apposée à l'arrière de la photographie. La mention « 928 » nous laisse cependant à penser qu'il s'agit peut-être de dessins réalisés *a posteriori*. L'équipe du Style est alors constituée de quatre personnes s'attelant à l'apparence extérieure et de trois autres dont la mission est de dessiner les habitacles.

Ci-dessous.
La plus ancienne photo de prototype que nous avons pu retrouver est datée du 23 septembre 1963. L'arrière de la future 1100 est déjà parfaitement reconnaissable dans ses traits.

Ci-contre.
Le prototype 920B en cours de façonnage en novembre 1963. La silhouette et l'avant de la voiture sont trouvés. L'espace entre la portière avant et le passage de roues laisse deviner que le moteur est encore disposé en long.

De l'autre côté des Alpes, Dante Giacosa, brillant ingénieur en chef de Fiat, est parfaitement conscient du changement profond qui attend le marché automobile de la décennie 1960. Dès 1961, il fait étudier par ses équipes celle qui devient en 1964 l'Autobianchi Primula : avec sa traction avant, son moteur transversal et son arrière transformable, nous voici à mille lieues des conceptions traditionnelles de Fiat… et des Simca !
Les très étroites connexions entre l'état-major de Simca et le bureau d'études Fiat n'ont certainement pas passé ces recherches sous silence. N'étaient-ce pas ces mêmes relations qui ont permis à l'Hirondelle de profiter du projet 122 Fiat et de l'ingénierie turinoise pour développer sa 1000 ? Il semblerait ainsi qu'Henri-Théodore Pigozzi ait eu connaissance du projet 109, future Autobianchi Primula, lors d'un voyage à Turin. L'examen du plan produit du 24 avril 1963

Ci-contre.
Quelques semaines plus tard, nous retrouvons une maquette à peine différente en phase de finition. Peinture, chromes et feux en trois dimensions doivent donner l'illusion d'une voiture roulante. Son hayon arrière laisse apparaître son petit nom de scène : appelez-la « Star ».

Ci-dessous.
Ce même prototype 920B est présenté à l'état-major de Simca et de Chrysler le 21 janvier 1964 à Argenteuil. Les surfaces vitrées paraissent d'autant plus vastes que les montants de pare-brise sont réduits au strict minimum et que les glaces de portière arrière sont d'un seul tenant. La plaque d'inspiration américaine, l'insigne latéral, de même que la proéminence centrale de la calandre, comme sur une Plymouth Valiant 1964, sont sans doute là pour amadouer les décideurs du Pentastar, désormais seuls et vrais maîtres à bord. L'influence latine n'est toutefois pas complètement morte : jantes et pare-chocs avant fluet renvoient au Coupé 1000 Bertone.

Ci-dessus.
Coup d'œil sur le tableau de bord de la 920B Star : les stylistes proposent un combiné ultraminimaliste tout en longueur détaché de la planche de bord elle-même. Cette mode éphémère se retrouve sur les premières Peugeot 204 et Renault 16 conçues au même moment ; elle disparaît assez vite au profit d'ensembles plus lisibles et d'apparence plus cossue.

Ci-dessus.
Au printemps 1964, le projet 920 est devenu 928. À l'évidence, le capot est plus court que sur le prototype 920 : le moteur semble avoir été repositionné en travers. Notons les entourages de portes que nous retrouvons sur les Renault 5 à cinq portes et les Renault 7 de la décennie suivante ; ils sont abandonnés sur la 1100 de série. La petite 956 contemporaine, conservée par la CAAPY, explore également cette voie. À l'arrière, la pente du hayon est plus rectiligne que sur les 920 et le coffre semble plus court. Le traitement des feux évoque les produits Fiat. Remarquez au fond la BMC ADO16 : assurément une inspiratrice !

nous montre que les hommes de Simca discutent dès ce moment-là en des termes relativement précis de ce que pourrait être la Simca de grande diffusion des années 1960 et 1970. Son intitulé, « VMBB », pour « voiture moyenne berline-break », ne laisse aucun doute quant à la physionomie de la future voiture, déjà éprouvée avec succès par la Régie avec sa R4. Soulignons à ce propos que, contrairement à ce qui a été si souvent écrit, la 1100 n'est pas l'héritière du programme « voiture légère berline break », mais d'un projet de taille supérieure. À ce stade, l'architecture technique générale envisagée est d'ailleurs semblable, avec un ensemble moteur-boîte longitudinal, moteur en arrière, boîte à l'extrême avant, et une roue de secours sous le capot pour dégager l'arrière. Par ailleurs, une déclinaison en trois cylindrées est envisagée dès l'origine : 5 CV, 944 cm^3, comme sur la 1000 (68 x 65 mm), développant 50 ch SAE ; 6 CV, 1 090 cm^3 par augmentation de l'alésage à 75 mm procurant 58 ch SAE et 7 CV, 1 188 cm^3 (71 x 75 mm) délivrant 63 ch SAE. Si l'alésage de 68 mm et la course de 65 mm sont repris du moteur de la 1000 – que la 5 CV est d'ailleurs appelée à reprendre tel quel –, la course de 75 mm est celle du moteur Rush. L'atteinte des limites des classes fiscales n'est pas optimale, mais l'outil industriel est amorti au mieux et la gamme de cylindrées permet de couvrir les attentes d'une large clientèle. À cette époque, le lancement est envisagé pour le second semestre 1966, avec des prévisions de fabrication de 39 000 unités pour les derniers mois de cette année-là, puis 168 000 pour la première année pleine, 1967. À cette époque, le lancement est envisagé pour le second semestre 1966, avec des prévisions de fabrication de 39 000 unités pour les derniers mois de cette année-là, puis 168 000 pour la première année pleine, 1967.

Les plus anciennes esquisses qui nous sont connues sont de la main de Claude Genest, Responsable du Style de la marque, et présentent l'état des recherches en juin 1963. Elles montrent une berline à pente arrière directe, dont l'avant est proche de celui dessiné pour la toute nouvelle Simca 1500. Ce visage est appelé à devenir la signature visuelle de Simca jusqu'au milieu des années 1970.

Courant 1963, le style de la VMBB, *alias* « projet 920 » s'affine, et à la fin de l'année, les traits de la future voiture de série sont déjà très reconnaissables. Les travaux avancent, progressivement, mais dans un climat peu favorable. En effet, la confiance entre les hommes de Simca et leurs homologues de Chrysler, nouveaux maîtres des lieux après que le groupe américain eût porté sa participation au capital de Simca Automobiles à 63 % par tranches successives tout au long de l'année 1962, n'est pas au beau fixe.

Selon Jacques Lecordier, « *les gens de Chrysler, nouveaux propriétaires de Simca Automobiles, voulaient tout simplement tirer un trait définitif sur tout ce qui était italien. En débarquant à Poissy, ils venaient, en effet, de se rendre*

Ci-dessous.
Curieusement, la calandre a évolué vers un aspect moins fin ; sa physionomie se rapproche de celle des 1300. Les butoirs de pare-chocs ne sont toujours pas à l'ordre du jour.

2 — L'AUTO-JOURNAL — LE JOURNAL DE L'HOMME DU XXe SIECLE — 27 MAI 1965 — N° 377

LE JOURNAL DE L'HOMME DU XXe SIECLE — 27 MAI 1965 — N° 377 — L'AUTO-JOURNAL — 3

EXCLUSIF

SIMCA VA RÉPLIQUER A LA PEUGEOT 204

L'AUTO-JOURNAL A PU SURPRENDRE LA 6 CV SIMCA TRACTION AVANT ESSAYÉE EN SECRET

Cette vue de profil fait apparaître la silhouette assez particulière de la future Simca 1100, caractérisée par le glissement vers l'arrière de tout l'habitacle. Le capot semble relativement long et le coffre arrière est très court. On remarquera aussi le montant central légèrement incliné vers l'arrière, la lunette arrière très droite et l'importante échancrure pour la roue dans la porte.

Pour l'avant de leur nouvelle production, les techniciens de Simca se sont inspirés directement du coupé 1000 carrossé par Bertone. On retrouve en particulier la même disposition des phares qui forment une petite saillie sur le capot, ainsi que des ailes qui viennent mourir vers l'avant avec un léger bossage. La calandre définitive n'a pas encore été choisie.

Pris au piège tendu par nos reporters, le prototype Simca doit faire demi-tour dans une voie sans issue, nous laissant juger de son esthétique sous tous les angles ! Les roues à voile ajouré sont celles qui équipent déjà les Simca 1 000 gonflées par Abarth. L'encombrement général correspond à celui de la 204 Peugeot, qui possède elle aussi un capot très long.

Vue sous cet angle, la nouvelle 1100 Simca ne révèle aucune ligne neuve ; ses roues postérieures écartées semblent exclure la présence d'un train arrière à essieu rigide.

Une fois encore « l'Auto-Journal » était là ! A peine remis de leur surprise, les essayeurs de Poissy bondissent pour tenter de « collaborer » avec nos photographes. Tous ces documents ont d'ailleurs été pris dans des conditions assez difficiles, à partir d'une voiture en marche.

Ci-dessus.
L'édition du 27 mai 1965 de l'*Auto-Journal* présente sous toutes ses coutures un prototype présenté comme la future Simca 6 CV. Si la moitié avant du véhicule fait effectivement penser aux prototypes 928, ce profil à coffre séparé n'a, à notre connaissance, jamais été envisagé pour la future 1100 ! Cet élément, le lourd camouflage de l'avant, les circonstances mêmes de ces prises de vue, avec l'un des essayeurs marchant vers le photographe, ces indices nous laissent à penser que ce scoop a été construit de toutes pièces en collaboration avec Simca, alors qu'elle n'a rien à lancer et que ses ventes accusent le coup. La marque a en effet grand besoin de faire parler d'elle, deux mois après le lancement de la Renault 16, cinq semaines après la présentation de la Peugeot 204. Il permet en effet de faire parler de la marque sans dévoiler réellement la voiture – chose que la revue avait su faire avec brio au grand dam du Lion avec la 204.

Ci-dessus.
Dans le même numéro, *l'Auto-Journal* s'avance cependant à esquisser une version cinq portes de la future voiture. Dans leur imagination, celle-ci ressemble furieusement à l'Autobianchi Primula du géant Fiat. Mauvaise pioche : la future voiture présente seulement quatre glaces latérales.

compte qu'ils s'étaient fait avoir en beauté puisque l'usine « ultramoderne » tant convoitée était une superbe coquille qui, si elle n'était pas totalement vide, ne pouvait fonctionner sans l'approvisionnement par des usines en amont, qui appartenaient quasiment toutes à… Simca Industries (dont Henri-Théodore Pigozzi était également le P.-D.G.) [2] *! Société à laquelle Simca Automobiles devait, de plus, payer des loyers pour de nombreux bâtiments en aval dont, entre autres, la vingtaine de filiales de vente réparties sur toute la France. Il en résultat aussitôt un grand ressentiment envers les Italiens, d'où le renvoi de Henri-Théodore Pigozzi (et de ses collaborateurs italiens, presque tous détachés de Fiat) ce qui, au départ n'avait pas été envisagé »*[3].

Avec ce changement de mains, ce sont plus de trois décennies de relations directes avec Fiat qui sont remises en cause, ce qui remet également en question un certain nombre d'habitudes et de conceptions de la chose automobile de façon générale. Si les 1300 et 1500 peuvent encore correspondre à l'idée que se font les Américains d'une voiture, la VMBB en est bien loin ! Aux véhicules tricorps qui s'étirent de tout leur soûl avec un long coffre et un grand capot abritant un moteur qui actionne les roues arrière, la VMBB oppose une conception à traction avant et arrière transformable !

Et pourtant, convaincus du bien-fondé du projet, l'état-major et les ingénieurs de Simca ne souhaitent pas céder. Il faut toute la conviction de Philippe Grundeler et Charles Scales, ingénieurs responsables de produit, mais surtout la diplomatie de Georges Héreil, qui succède à Henri-Théodore Pigozzi le 1er juin 1963 à la tête de Simca Automobiles, et les arguments tirés de l'analyse de l'évolution du marché pour

2. Simca *Industries comprenait également la marque de poids lourds Unic et le fabricant de matériel agricole Someca.*
3. *Propos relatés par Michel Renou dans,* Simca, de Fiat à Talbot, *ETAI, 1999.*

Ci-dessous.
La nouvelle d'une future Simca à traction avant éveille également l'intérêt à l'étranger, et le 17 septembre 1965, c'est autour d'*Autorevue*, un magazine spécialisé néerlandais, de l'annoncer en s'appuyant sur les révélations de *L'Automobile*. Les grandes lignes de la future voiture ont été cernées, dont le profil à l'arrière cassé et l'architecture générale, mais pas son aspect dans le détail. Autre aspect : le moteur de la 1100 est nouveau et sera décliné pour la 1000, et non pas l'inverse.

Ci-dessous.
En parallèle, le projet continue d'évoluer. Voici la 928E le 23 juin 1965. Toutes les grandes lignes sont désormais figées. La calandre est néanmoins ornée de fanons verticaux ; ce n'est toujours pas la solution définitive.

rallier peu ou prou les Américains à la cause de la VMBB. Et encore, ne le font-ils qu'à reculons : « *Puisque vous êtes persuadés que c'est ce genre de véhicule qu'il faut faire pour satisfaire un important segment de marché, faites-le. Mais faites-le bien et démontrez-nous par son succès que vous aviez raison…* », auraient-ils rétorqué[4]. La défiance retombant, les études peuvent se poursuivre plus sereinement. Il est d'ailleurs temps, car la presse bruisse depuis la mi-1963 de la naissance d'une 6 CV Peugeot à moteur transversal fin 1964 ou début 1965 : il ne faudrait pas arriver trop tard sur le marché face à ce concurrent identifié comme le principal rival à viser.

Quitte à « faire les choses bien », les hommes de Simca décident d'aller plus loin encore. Sont-ce les premiers succès des Morris-Austin 1100 « ADO16 » à traction avant et moteur transversal lancée en 1962 et qui s'emparent de la première place du marché anglais, habituellement très porté sur les solutions automobiles « traditionnelles », sont-ce les indiscrétions sur la naissance future d'une Peugeot dont la conception suivrait les mêmes lignes directrices qui les motivent à revoir leur copie ? Toujours est-il qu'ils décident, probablement vers mars 1964, de franchir le cap et de mettre le moteur et la boîte en position transversale... comme sur les Autobianchi Primula qui s'apprêtent à naître. Le projet 920 gagne perd alors quelques centimètres en longueur tout en offrant plus de place pour le conducteur et le passager, puisque la nouvelle implantation mécanique dégage le dessous de la planche de bord d'un volumineux coffrage accueillant le moteur que connaissent bien les conducteurs de Citroën ID/DS et de Renault R4.

L'étude de la mécanique est confiée à une petite équipe constituée autour de Georges Martin, le jeune Responsable des Études Moteur de la Maison. Né en 1930, il rejoint Simca en 1959 après avoir suivi une formation à l'École spéciale des Travaux publics, spécialité Mécanique-Électricité.

Au printemps 1964, le projet est devenu 928 au gré de ses différentes évolutions. À l'automne suivant, Pierre Nadot est recruté par Simca pour devenir responsable du projet. Né en 1907, cet ingénieur des Arts et Métiers, par ailleurs capitaine de corvette dans la Marine, avait collaboré durant de nombreuses années avec Georges Héreil chez Sud Aviation, où il avait occupé le poste de Directeur du Département Essais en Vol de jusqu'au 1er septembre 1964.

Le prototype 928E est exposé aux yeux des décideurs le 23 juin 1965 à Argenteuil pour validation. La confrontation à la toute nouvelle Peugeot 204, sa rivale toute désignée augure avec plus de deux années d'avance d'une scène de rue appelée à devenir banale. Les formes de la tôlerie étant désormais figées, il reste encore à déterminer l'étagement des finitions et les différents éléments de décoration. C'est à ce moment-là que l'on envisage une version haut de gamme bicolore ; le projet reste lettre morte. Il faut en revanche attendre 1966 pour que l'on décide d'abandonner les fanons de calandre au profit de lamelles horizontales et que l'on renonce à l'idée de doter les vitres avant de déflecteurs.

Dans l'intervalle, Simca s'attache à renforcer son bureau d'études, d'envergure fort limitée jusqu'à la rupture consom-

Ci-dessus.
Ce 23 juin 1965, la maquette est confrontée à la dernière-née du marché français et sa future concurrente principale, la Peugeot 204. La position relative des deux voitures donne l'avantage à la 928, faisant passer la lionne pour une voiture bien plus petite. Contrairement à ceux qui l'ont précédé, ce prototype arbore des bananes de pare-chocs.

Ci-dessous.
La voiture est aussi comparée à l'Opel Kadett Caravan, sérieuse rivale sur la scène européenne. Pour la première fois, nous remarquons aussi le lettrage « SIMCA » de la tranche du capot et l'aménagement d'une sortie d'air sur le panneau de custode pour faciliter la ventilation de l'habitacle. Sa forme est toutefois loin d'être définitive. Par ailleurs, nous continuons de trouver les jantes ajourées, qui ne sont pourtant pas retenues pour le lancement.

4. ROUSSEAU, *Jean-Paul et Jacques,* Simca, l'histoire d'une marque, *éd. Rétroviseur, 1996.*

mée avec Fiat. Parmi les recrues de l'année 1965, François Paget, adjoint d'Armand Froumajou pour la direction du projet accouchant de la Peugeot 204, et Claude de Forcrand, qui travaillait dans le même temps aux suspensions de cette même voiture. Voilà deux débauchages de choix, alors qu'il s'agit de mettre au point une voiture appelée à être sa plus grande rivale ! En revanche, Philippe Guédon, autre grand nom qui a contribué au projet 928, décide de quitter Simca en juin 1965 pour rejoindre Matra, où une grande destinée l'attend. Né en 1933, celui-ci était entré au bureau d'études Simca d'Argenteuil en 1956, à la fin son cursus d'ingénieur à l'École nationale supérieure des Arts et Métiers d'Angers. Il est rejoint chez Matra par Georges Martin fin 1966, qui s'attelle donc déjà à d'autres tâches – la conception du V12 Matra-Sports – lorsque le moteur conçu pour la 1100, communément appelé « moteur Poissy » aujourd'hui, apparaît en série en 1967.

Premières fuites dans la presse

C'est à peu près au même moment que l'arrivée d'une nouvelle venue du côté de Poissy dans un futur relativement proche commence à faire les gros titres de la presse automobile. Certes, le fait ne saurait constituer une totale surprise, puisque Georges Héreil avait indiqué dès son entrevue accordée à *l'Auto-Journal* publiée dans le numéro du 16 avril 1964 qu'il tenait à ce que sa marque se dote de modèles situés au cœur de la palette de modèles offerts par les grands constructeurs hexagonaux, s'étalant de 2 à 11 CV. Au printemps 1965, les choses deviennent cependant plus concrètes. Le 27 mai, *l'Auto-Journal* l'annonce en gros titre : *« Une Simca 6 CV traction avant riposte à la 204 Peugeot »*, photos à l'appui ! Pourtant, le prototype dévoilé non sans fierté sous tous les angles par sept photos en couleur relativement nettes ne ressemble pas tellement à la future voiture de série. Puisque nous savons que la cinquième porte a été retenue dès l'origine du projet, l'on peut même raisonnablement se demander s'il ne s'agit pas là d'une opération de dupes et de communication mûrement réfléchie chez Simca, peut-être même avec la collaboration des journalistes ! Que penser alors de l'affirmation selon laquelle *« Nous croyons savoir qu'à côté de la berline que nous avons surprise, le constructeur de Poissy étudie également une version semi-utilitaire »* ? Question rhétorique ? Information lâchée par Simca pour la crédibilité future du journal ou doute sincère des chasseurs de scoops ? En tout état de cause, la future voiture n'est pas une limousine six glaces comme celle qui est représentée. Pour l'instant donc, la marque fait parler d'elle tout en préservant le secret sur la physionomie du véhicule de série.

Ci-dessus.
En 1966, l'heure est à l'industrialisation ; il n'est donc plus question de faire évoluer la voiture en profondeur. En revanche, le moment est venu de définir précisément les futures finitions. Le bicolorisme est expérimenté par les stylistes, sans doute en souvenir des P60 et Vedette. Cette exécution, d'aspect plutôt lourd, n'est pas retenue. Notons toutefois que le Pentastar figure désormais sur l'aile avant et que l'Hirondelle s'est envolée des chapeaux de roues.

Derniers ajustements avant le lancement

À partir de 1966, le temps n'est plus à l'évolution en profondeur du futur véhicule. Le moment est arrivé de l'industrialiser. Les changements à venir sont désormais assez marginaux et ne résultent plus guère que de l'expérience des essais, qui se poursuivent intensément sur la redoutable piste de Mortefontaine comme sur routes ouvertes alors que des moteurs sont torturés sans relâche sur des bancs d'essai. Au printemps 1967 encore, les prototypes sont mis à l'épreuve des difficiles routes du Morvan, de nuit, afin d'échapper aux photographes indiscrets – rappelons en effet que ces itinéraires exigeants relativement proches de la région parisienne mettant merveilleusement en évidence les qualités et les défauts d'une voiture sont également chéris par les essayeurs de l'*Auto-Journal*, le plus féroce chasseur de scoops automobiles du temps… Les cols alpins, pour leur part, sont mis à profit pour parfaire le réglage de la carburation.

Les derniers essais de roulage se déroulent au cœur de l'été 1967. Afin d'ajuster encore quelques détails avant qu'ils ne soient confiées aux journalistes, puis aux clients,

sept véhicules sont mis à l'épreuve au Maroc, qu'ils rejoignent par la route *via* l'Espagne en juillet 1967. D'ultimes essais sont encore organisés sur les routes d'Écosse en août. Au bout du compte, les vingt-quatre prototypes 928 auront accompli plus environ 1 750 000 kilomètres, soit quarante fois le tour de la terre, pour que les acheteurs n'aient pas à essuyer les plâtres.

Ci-dessus et ci-contre.
En parallèle de la préparation de la production, l'heure est aussi aux essais de roulage intensifs pour fiabiliser la voiture et en ajuster les réglages. Des voitures sont inlassablement éprouvées sous des conditions très diverses. L'escadron de voitures d'essai envoyé au Maroc en juillet 1967 se déguise en pick-up dans un souci de discrétion.

l'auto-journal

EXCLUSIF
PAGES 4 et 5

voici la bombe du prochain salon !

LA SIMCA 1100

traction avant / moteur en travers

toutes les photos, tous les détails, tous les prix

AU BANC D'ESSAI : PORSCHE 911 S ET N.S.U 110 SC

Ces essais ne sont jamais sans risque de se faire surprendre par des yeux indiscrets, et le 3 août 1967, la « bombe » éclate en une de l'*Auto-Journal* : cette fois-ci, ce ne sont plus des prototypes assez éloignés de la voiture de série, mais des autos quasi conformes à celles qui tomberont des chaînes en grande série que la revue montre sous toutes ses coutures ! Si celles aperçues à Tanger sont camouflées en pick-up, les voitures photographiées sous tous les angles en Suède se présentent au regard du passant sans le moindre artifice et laissent tout voir d'elles. Tout juste a-t-on songé à éliminer tout signe distinctif de la marque sur la carrosserie, pour ne pas trop attirer l'attention.

Avec la 1100, il s'agit pour Simca de *« faire une gamme afin de rester dans la note »*, tant il est vrai que l'ex-deuxième constructeur français de la fin des années 1950 est à la peine depuis quelques exercices. Dissimulé derrière la signature de Jean Mistral, Gilles Guérithault l'affirme : *« un combat singulier s'engage entre Simca et Peugeot à partir de l'automne : il rappellera le duel Aronde-203 qui se prolongea pendant des années. »* Nous verrons à quel point il avait raison !

Pendant ce temps, l'usine de Poissy achève la transformation de ses ateliers en juillet 1967 et commence la production des premiers modèles de présérie : 45 versions LS et 2 versions GL sont d'ores et déjà tombées des chaînes. Les premières GLS suivent à la rentrée.

Ci-dessus.
Des 928 s'aventurent également jusqu'en Scandinavie : les voici en Suède, encadrant une 1000 GLS gréée d'équipements locaux spécifiques (bavettes, feux de recul).

Ci-contre.
Le 3 août 1967, l'*Auto-Journal* révèle la 1100 sous sa forme désormais définitive, conformément à ses habitudes. L'état-major n'a toutefois plus rien à craindre : le lancement est tout proche.

Ci-dessous.
Cette pauvre LS a dû subir les pires outrages avant de se trouver en bordure de trottoir ! Si le lettrage SIMCA de capot a été omis, il n'en a pas été de même des chapeaux de roues évoquant le Pentastar. Le souci de la discrétion est devenu tout relatif : il faut commencer d'attiser l'appétence des clients potentiels de la Peugeot 204.

1967-68 : LA 1100 FAIT SON ENTRÉE DANS LE GRAND MONDE

© COPYRIGHT « L'AUTO-JOURNAL » 1967.

l'auto-journal

INDÉPENDANT ET OBJECTIF — JEUDI 12 OCT. 1967 — 17e ANNÉE Nº 439 — PARAIT UN JEUDI SUR DEUX

*1er BANC D'ESSAI COMPLET

CITROËN DYANE — PAGES 10/11/12

*j'ai conduit une nouvelle traction avant française

LA SIMCA 1100

PAGES 2/3

Avant de s'attaquer aux routes françaises, la toute nouvelle Simca 1100 a été essayée en Sardaigne

nous avons vu au salon... — PAGES 5/6/7

En cette fin d'été 1967, les 928 sont prêtes pour se révéler enfin au monde. Les Simca 1100 sont sur le point de naître. Il reste seulement à décider en quel lieu et en quelle occasion.

Opération Sardaigne : une sortie de l'ombre au soleil

Pour le grand public, il est acquis que ce serait la traditionnelle grand-messe internationale du Salon de Paris, du

Ci-dessus et ci-contre.

Pour faire connaissance en détail avec son nouveau cheval de bataille, la presse internationale est invitée par Simca sur la Costa Smeralda, en Sardaigne, aménagée pour le tourisme à compter de 1961 sous l'impulsion de Son Altesse le prince Karim Aga Khan IV. Au menu, une prise en mains sur les mauvaises routes locales, bien sûr, mais aussi repas, chants et danses traditionnelles. Les agréables paysages donnent de beaux souvenirs, mais aussi de belles couvertures de presse, comme celle de l'*Auto-Journal* du 12 octobre 1967. Tout a été pensé pour que les journalistes soient dans les meilleures dispositions pour vanter la dernière-née.

Ci-dessous.

Le constructeur profite aussi de l'opération pour réaliser des dizaines de clichés témoignant de l'opération auprès du réseau, par l'intermédiaire de la revue interne *Les Échos Simca*.

Ci-contre.
Le même soir « *est lancé en direct sur les ondes d'Europe 1 par Roger Duquesne le Grand Concours Simca Rébus dont le dépouillement a permis de dénombrer le chiffre extraordinaire de près de 100 000 bulletins.* » (Les Échos Simca).

5 au 15 octobre 1967. Pour les journalistes de la presse spécialisée en revanche, l'état-major du constructeur réfléchit à un endroit où il pourrait lui révéler la voiture en avant-première, en un lieu enchanteur, mais éloigné des yeux curieux des automobilistes français, sur des itinéraires malaisés où les qualités routières de la voiture seraient mises en exergue. Plutôt que les charmes bucoliques de la vallée de Chevreuse, tant de fois exploités par Simca pour révéler ses modèles et réaliser de jolies photos de presse, ce sont la douceur et les paysages rocailleux de la Sardaigne qui sont choisis. Nostalgie de l'Italie à laquelle le constructeur fut si longtemps lié ? Toujours est-il que l'île rassemble tous les critères évoqués. Avec le grand complexe hôtelier flambant neuf érigé sous l'impulsion du prince Karim Aga Khan IV, elle offre de surcroît des installations propres à accueillir fort agréablement les journalistes de sorte à les mettre dans les meilleures dispositions, la réussite du lancement de la nouvelle venue est en effet cruciale pour l'usine de Poissy. La presse est donc conviée en septembre 1967 pour effectuer de premiers galops d'essai dont les comptes rendus se présentent à lire dès l'époque du Salon. Exécutions LS, GL et GLS sont tenues à disposition pour ce premier contact, mais uniquement sous forme de berlines à cinq portes. Le réseau commercial, pour sa part, fait connaissance avec la petite nouvelle au Palais des Sports de Paris le 4 octobre 1967, en marge du Salon, et prend possession des 500 premiers exemplaires de démonstration sur le parking de l'usine de Poissy. Le surlendemain, près de 7 000 invités sont conviés à la découverte de la nouvelle gamme au Bourget. Dès le 3 octobre, la 1100 se donne également à voir dans la vitrine du magasin des Champs-Élysées, remis à neuf pour l'occasion.

La Simca 1100 mise à nu

D'emblée, l'esthétique semi-utilitaire surprend, mais la conception technique intéresse. Certes, elle n'est plus complètement neuve : les Citroën ont, depuis plus de trois décennies, popularisé la traction avant, les Renault R4 et 16 ont déjà ouvert la voie des véhicules « bicorps », BMC 850 et ADO 16 et Peugeot 204 ont mis leur moteur en travers,

Ci-contre, ci-dessous et à droite.
Les voitures – surtout des berlines cinq portes GL – rejoignent ensuite les concessions aux quatre coins de l'Hexagone. Nous les retrouvons ici à Épernay et Strasbourg lors de la soirée de présentation aux meilleurs clients, ainsi qu'à Rethel, où elle est entourée du matériel publicitaire imaginé par les services commerciaux pour accompagner le lancement.

Ci-dessus.
Depuis ses origines en 1950, il tient à cœur de *l'Auto-Journal* de présenter à ses lecteurs tous les aspects techniques de chaque nouveauté. La 1100 n'échappe pas à la règle. Cette vue fantôme de fin 1968 montre une voiture millésime 1969, reconnaissable à ses sièges.

Ci-dessus.
Ainsi se présentent les deux trains des nouvelles 1100. Toutes les carrosseries reposent sur le même empattement. L'ensemble motopropulseur est particulièrement compact : grâce au moteur et à la boîte disposés tous deux de façon longitudinale à l'avant et à l'entraînement des roues antérieures, le gain de place est maximal au service de l'habitabilité et de la polyvalence. Plutôt que de disposer la boîte sous le moteur, comme ont choisi de le faire Peugeot et BMC pour leurs tractions avant, Simca a opté pour une disposition de la boîte en bout de vilebrequin, comme sur l'Autobianchi Primula du géant Fiat. Ce choix permet de séparer les fonctions et les graissages, mais exige en contrepartie une voie avant plus ample pour loger les différents organes entre les roues.

et ces schémas se démocratisent chaque jour davantage. Comme le souligne *l'Auto-Journal* le 28 septembre 1967, *« le moteur transversal est dans le vent. Depuis qu'un ingénieux ingénieur grec en a lancé la mode à la British Motor Corporation, tout le monde en redemande »* !

De façon générale, Simca l'affirme : la 1100 entend incarner une *« double proposition* […]*, une voiture économique, une voiture pratique »*.

« La première proposition a incité à choisir la cylindrée moyenne de 1 118 cm³, situant la voiture en haut de la classe des 6 CV fiscaux. »[1] Positionné en position transversale avant pour gagner de l'espace, ce moteur à quatre cylindres en ligne est incliné de 41 degrés vers l'avant afin de faciliter l'accessibilité mécanique. L'ensemble a été étrenné dès le printemps 1967 sur les coupés Simca 1200 S, dans une exécution de 1 204 cm³ dotée d'une course de 70 mm ; sur le moteur 1100, celle-ci est limitée à 65 mm, mais l'alésage de 74 mm est identique, ce qui permet des économies d'échelle sur l'usinage. La traditionnelle dynamo a cédé sa place à un alternateur ; plus onéreux, il se généralise toutefois peu à peu au sein de la production européenne parce qu'il assure une meilleure charge de la batterie (à 12 volts) même à basse vitesse. Dans la veine des efforts accomplis par Simca en faveur de la robustesse de ses voitures, sous l'impulsion des Américains, la mécanique a été conçue dans un but de longévité, avec notamment une culasse et un vilebrequin à cinq paliers renforcés par rapport au moteur de la Simca 1000[2]. L'ensemble est alimenté par un carburateur simple corps et le filtre à air *« de grande dimension »* comporte deux positions, été et hiver. Le refroidissement s'opère par un circuit d'eau sous pression ; il est activé par un ventilateur électrique indépendant à commande automatique thermostatique. Les chambres de combustion adoptent une forme *« en coin, technique généralisée sur les puissants moteurs américains »*. Le filtre à huile est de type statique ; selon le constructeur, le filtre centrifuge *« n'est plus nécessaire »* grâce à l'amélioration des lubrifiants. Pour ce moteur, le constructeur est également resté fidèle au bloc en fonte, mettant en exergue des arguments de coût et de robustesse qui contrebalanceraient largement – selon ce dernier – la réduction de poids offerte par l'aluminium[3]. Ce choix permet aussi de se passer du chemisage cher aux autres fabricants français, mais peu répandu ailleurs, sans préjudice à la longévité. Le bloc est évidemment coiffé d'une culasse à soupapes en tête ; celles-ci sont commandées par poussoirs, tiges et culbuteurs. L'arbre à cames a été maintenu latéralement, toujours pour des raisons de coût de fabrication.La boîte de vitesses comprend quatre rapports. Le changement de vitesse est au plancher ; la première est en haut à

Ci-dessous.
Schéma de la suspension avant. Selon le constructeur, le principe des barres de torsion longitudinales de grande longueur pour la suspension avant. L'ensemble comprend une traverse haute tubulaire et une traverse basse en caisson qui supportent les tourillons de bras de suspension triangulés *« dont les points d'articulation, éloignés les uns des autres, diminuent les risques d'usure sur les rotules de suspension »*. Toujours selon le constructeur, *« la longueur des barres de torsion assure une grande flexibilité et une faible fatigue »* (fascicule technique de lancement).

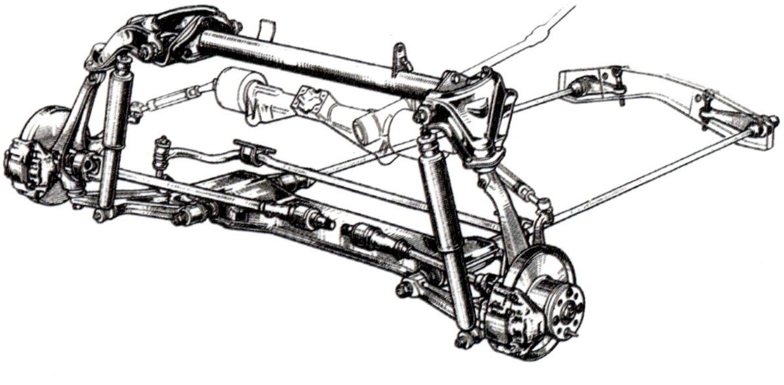

Ci-dessous.
À l'arrière, les barres de torsion sont disposées transversalement, de façon légèrement oblique ; *« il en résulte un effet d'auto-freinage des bras de suspension à roue tirée »* (fascicule technique de lancement). L'on note aussi la présence d'une barre stabilisatrice. L'ensemble est porté par une traverse tubulaire et deux extensions montées élastiquement sous la coque. Un amortisseur télescopique pour chaque roue complète le dispositif.

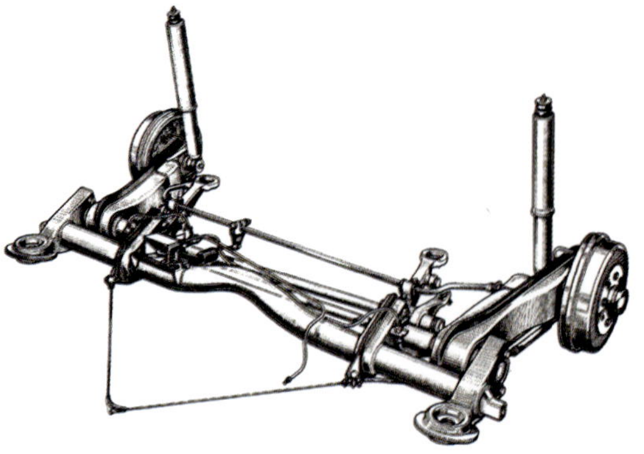

Ci-contre.
Le premier niveau de finition, dit L, est réservé à la fourgonnette. Dans les faits, l'équipement correspond à celui des 1100 LS. De fait, l'appellation L, totalement artificielle, disparaît dès les premiers mois de carrière. Les « L Commerciale » deviennent alors « Commerciale » tout simplement. La voiture vise en priorité les artisans désireux de concilier le volume utile à une esthétique agréable.

gauche, la marche arrière déportée en bas à droite, à côté de la quatrième. Tous les rapports sont secondés par une synchronisation du type Porsche qui a déjà fait l'agrément des boîtes Simca depuis la 1000. L'embrayage du type ressort diaphragme doté d'une butée à billes est actionné par une commande hydraulique. Le différentiel est intégralement suspendu et fait carter commun avec la boîte de vitesses ; l'ensemble est disposé à droite du moteur, voiture vue de face.

Les quatre roues sont indépendantes et les suspensions adoptent la technique des barres de torsion. Celles-ci sont disposées de façon transversale à l'avant, une solution qui, selon le constructeur, *« convient particulièrement à une traction avant, parce qu'elle concilie les impératifs de robustesse, de simplicité, de tenue de route et de confort »* (fascicule technique de lancement). À l'arrière, elles sont montées de façon longitudinale, légèrement en oblique. Ce dispositif est conçu de telle sorte à se loger sous le soubassement en entamant le moins possible la garde au sol – tâche facilitée par l'absence de pont. À l'avant comme à l'arrière, la suspension est complétée par des amortisseurs hydrauliques télescopiques.

La direction comporte une crémaillère *« à haut rendement, particulièrement indiquée dans le cas de la traction avant pour le filtrage des vibrations »*[4]. La colonne de direction est placée bien dans l'axe de la voiture ; la partie inférieure de la colonne de direction est renvoyée par un cadran au profit de la sécurité passive en cas de choc frontal.

Le freinage, pour sa part, est confié à des disques à l'avant et à des tambours à l'arrière. La puissance de freinage est partagée entre avant et arrière par un répartiteur.

Enfin, le réservoir d'essence possède une contenance de 41 litres devant procurer une autonomie de l'ordre de 450 kilomètres. Le bouchon de remplissage est caché derrière une trappe sur l'aile arrière côté passager.

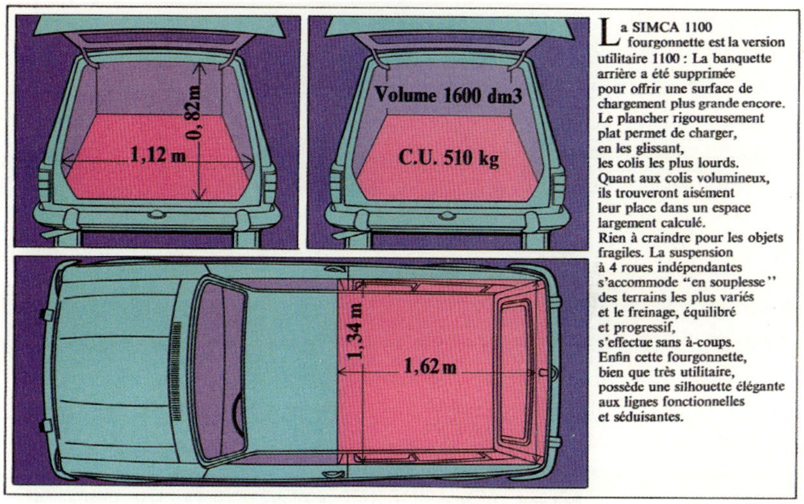

Ci-dessus.
La voiture offre un espace utile des plus respectable pour un véhicule susceptible d'être garé presque partout en raison de sa longueur inférieure à quatre mètres.

En avant pour le premier millésime !

Pour sa première saison, la gamme des 1100 s'articule autour des quatre niveaux de finition instaurés par Simca sur les autres modèles de la gamme depuis 1966 : L, LS, GL, GLS.

Le niveau de finition L est réservé à la Commerciale, rapidement dénommée Fourgonnette, sans que ce « L » soit

1. *Éléments issus du fascicule diffusé par le constructeur à la sortie de la voiture. Rappelons que la puissance fiscale était à l'époque – et jusqu'au 31 décembre 1977 – définie uniquement en fonction de la cylindrée par l'administration française. Cette réglementation explique la multiplication des mécaniques françaises de cette époque approchant chaque seuil : en ce qui concerne les 6 CV, la limite supérieure de la classe se situait autour de 1 134 cm³.*
2. *Le fascicule distribué avec la voiture rappelle ainsi le principe américain :* « la qualité d'un moteur se mesure au poids de son vilebrequin ».
3. *Tous ces renseignements sont tirés du même fascicule qui affirme que :* « tous les moteurs en alliages légers lancés aux Etats-Unis entre 1960 et 1964 ont disparu ».
4. Ibid. *Les modifications intervenant dans les premières années de carrière des 1100 laissent à penser que le résultat obtenu n'est pas tout à fait à la hauteur des espérances.*

Ci-contre.
La finition LS est disponible sur les carrosseries break, berline trois portes et berline cinq portes. Dépouillée, mais sans excès, elle se caractérise par des pare-chocs sans butoirs, comme sur la Commerciale. Cette vue arrière montre l'absence de tout enjoliveur sur le hayon comme sur les flancs, contrairement aux finitions supérieures.

Ci-contre.
À l'avant, les LS conservent le lettrage SIMCA sur la tranche du capot. Les chapeaux de roues sont également de série. Les glaces arrière des breaks coulissent, quelle que soit la finition.

Ci-contre.
La finition GL constitue en quelque sorte le juste milieu de la gamme. Elle réalise un compromis entre la sobriété d'une LS et les décors abondants d'une GLS. Par rapport aux LS, elle offre notamment une fine baguette de flanc et des butoirs de pare-chocs.

SIMCA 1100 - 2 PORTES

Ci-dessus.
Les GLS reçoivent de nombreux éléments décoratifs supplémentaires : platine « Simca 1100 » au bas du hayon, cartouche « 1100 » sur les ailes avant, tours de passages de roues, enjoliveurs de jantes, épaisse plaque guillochée en bas de caisse. Cette photo met également en évidence les vitres arrière qui s'entrebâillent, de série sur toutes les berlines trois portes. La brisure du hayon, souvent décriée, apparaît également de façon nette. Le titre de cette planche issue du catalogue 1968 mérite également d'être relevé : jamais, avant 1980, le constructeur n'utilise les appellations « trois portes » et « cinq portes », désormais convenues pour ce type de carrosserie.

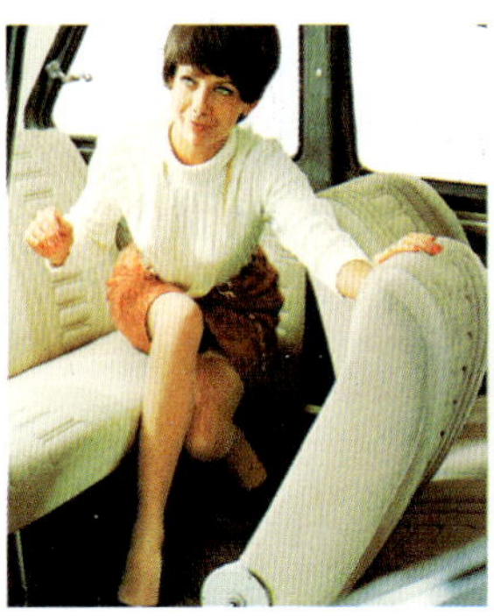

Ci-contre.
Les GL reçoivent des accoudoirs que les LS n'ont pas, mais les GLS se singularisent en outre par leurs cendriers aux places arrière et leurs revêtements de sièges très travaillés associant coutures horizontales et verticales. Ces deux photographies mettent en évidence le compas d'entrebâillement des vitres et le basculement des sièges avant pour l'accès aux places arrière propres aux berlines trois portes. Elles laissent également apercevoir le support de la banquette des GL et GLS, qui permet d'abaisser l'assise pour ménager un plancher parfaitement plat lorsque la voiture est transformée en break.

finalement un jour apparu ailleurs que sur un tarif. De fait, il se distingue peu de la finition LS, qui constitue en réalité la base de la gamme. Disponible sur les berlines trois et cinq portes de même que sur le break trois portes, la déclinaison LS se caractérise par une présentation sans fioritures, sans bananes de pare-chocs ni baguette de ceinture ou de bas de caisse ni jonc de gouttière. Ces différents équipements agrémentent en revanche les GL. À partir de ce niveau de finition, disponible seulement sur les berlines trois et cinq portes, l'on trouve également un demi cerclo-avertisseur qui complète le volant, des sièges aux garnitures plus sophistiquées et une banquette arrière rabattable qui s'escamote dans le plancher ; les LS se contentent en effet de sièges sans côtes ainsi que d'une banquette qui peut être retirée dont le dossier chichement habillé laisse d'ailleurs voir ses entrailles de fer, de bois et de mousse… Enfin, les GLS, livrables en berlines trois et cinq portes ainsi qu'en break trois portes, sont enrichies par une sellerie encore plus travaillée, des enjoliveurs de jantes complétant les chapeaux de roues, un embout d'échappement chromé, un cartouche chromé « 1100 » sur l'aile avant droite, des joncs de passage de roues, une large lèvre chromée soulignant les bas de caisse, un monogramme « GLS » niché dans la calandre,

ci-dessous.
Quelle que soit la carrosserie, la 1100 est bien une véritable voiture transformable, dont la conception correspond pleinement aux modes de vie qui évoluent. Elle préfigure pleinement les voitures d'aujourd'hui.

des sièges avant inclinables, un rétroviseur jour et nuit, une montre, un thermomètre d'eau et une commande d'avertisseur sonore non pas par cerclo, mais par deux poussoirs disposés sur les branches du volant.

Sur le plan mécanique, les deux premiers niveaux de finition se distinguent par une exécution moins puissante du moteur appelée en interne « type 350 », forte de 53 ch DIN à 5 800 t/min et d'un couple de 7,8 mkg à 3 600 t/min, avec un taux de compression limité à 8,2 : 1. Pour leur part, les GL et GLS reçoivent la mécanique désignée sous le code « 350 S », délivrant 56 ch DIN à 5 800 t/min et un couple de 8,3 mkg à 3 600 t/min, grâce notamment à un taux de compression notablement plus élevé de 9,6 : 1. Dès l'hiver 1967-68 cependant, les trois LS reçoivent l'exécution 56 ch des GL et GLS. Afin d'étoffer encore cette gamme offrant déjà un vaste choix, le constructeur annonce aussi dès le lancement la disponibilité d'une transmission semi-automatique Ferodo Verto sur absolument toutes les versions, même la Commerciale, moyennant un supplément de 725 francs. Cette transmission, qui dote déjà certaines 1000 depuis plusieurs années, associe un convertisseur hydraulique de couple et un embrayage de coupure commandé à une boîte de vitesses classique à trois rapports. Le convertisseur comprend une pompe entraînée par le vilebrequin, un réacteur et une turbine. Son rapport est compris entre 2 : 1 et 1 : 1. L'embrayage, pour sa part, est commandé par un tiroir hydraulique, par l'intermédiaire d'un électroaimant commandé par le levier de vitesses. Celui-ci comprend quatre positions : une marche arrière, Ex-

Ci-dessus. Le tableau de bord n'est pas forcément l'élément le plus séduisant des premières 1100. Le volant, dont les branches sont munies de deux poussoirs commandant l'avertisseur sonore, et la petite montre rapportée à droite caractérisent l'ensemble livré avec la finition GLS.

Ci-contre. Ce dépliant, largement diffusé au cours du millésime 1968, insiste sur tous les arguments de la voiture. Pour la première fois depuis très longtemps, un constructeur français offre une si large gamme au lancement. Sa conception intelligente la rend pratique, spacieuse et économique tout en offrant d'honnêtes performances. Le tarif, lui aussi, est particulièrement étudié : à 7 750 francs en version trois portes et 7 980 francs avec deux portes supplémentaires, la 1100 LS s'affiche bien moins cher que la Peugeot 204 Luxe, dont l'équipement est loin d'être si luxueux que cela, vendue 8 550 francs. De surcroît, moteur, transmission et boîte de vitesses sont garantis deux ans. Voilà réuni l'éventail d'atouts dont Simca avait tant besoin depuis quelques années pour retrouver son lustre d'antan .

Ci-contre à droite et à gauche et ci-dessus.
Dès l'automne 1967, les 1100 partent à l'assaut du continent européen, comme en témoignent cette publicité presse néerlandaise de décembre 1967 ou encore ces couvertures de fascicules allemand et suédois pour le millésime 1968.
En Allemagne, l'accent est mis sur *« la supériorité des techniques les plus modernes »*, aux Pays-Bas, sur l'aspect pratique en souhaitant à tous *« de belles fêtes de Noël »* grâce au sapin qui rentre dans le coffre. Une communication adaptée à chaque marché ! En Suède, les Simca sont distribuées par Philipsons, qui assure également l'importation des Mercedes. Les différentes versions commercialisées sur place sont naturellement adaptées à la législation et aux besoins locaux, en recevant notamment des bavettes derrière les roues qui préviennent les projections de neige et de boue.

ceptionnel pour les routes de montagne ou les démarrages chargés en forte côte, Ville/Montagne pour la majorité des cas et Route pour les itinéraires plats, droits et dégagés. En somme, ce dispositif fournit à peu près le service d'une véritable boîte automatique tout en n'en étant pas une. Il n'en reste pas moins que la 1100 devient ainsi la première voiture française à traction avant pouvant recevoir un convertisseur automatique de couple. Il faut néanmoins patienter jusqu'à la rentrée 1968 pour que cet équipement soit réellement disponible. Il est alors accessible sur toute la gamme 6 CV, fourgonnette comprise, comme il avait été annoncé : un luxe inusuel !

Pratiques, spacieuses, offertes en une large palette de carrosseries et de finitions – même s'il faut attendre janvier 1968 pour prendre possession d'une berline trois portes, mars 1968 pour que les breaks et fourgonnettes

Ci-dessus.
Cette publicité suisse présente une GLS grimée de manière étonnante, avec un jonc faisant le tour du hayon. S'agit-il d'un équipement spécial local ? Notez le jonc d'extracteur de custode propre aux cinq portes GLS.

Ci-dessous.
Sans attendre davantage, les 1100 partent également à la conquête de territoires plus lointains. Nous les retrouvons à Dakar dès le premier trimestre 1968, où elles sont lancées par l'importateur local, la SCOA, lors d'une manifestation animée par les ballets du Sénégal au Théâtre Daniel-Sorano en présence de Daniel Cabon, Ministre du Commerce et de l'Industrie du Sénégal et de Liona Diomande, Ministre de l'Éducation publique de Côte d'Ivoire. C'est ainsi que commence la carrière africaine de la 1100.

Premier Salon de l'Automobile pour les nouvelles Simca 1100

Pour célébrer l'avènement de celle qui a la mission de le relancer dans la course à la croissance après quelques exercices en demi-teinte, le constructeur de Poissy a évidemment déplacé des 1100 en force à la Porte de Versailles. Berlines trois et cinq portes, break trois portes, finitions LS, GL et GLS, toutes les versions de tourisme du catalogue sont là et ont eu l'honneur d'être présentées au Général de Gaulle par Pierre Nadot et Georges Héreil. Les photographies que nous présentons ici ont été prises lors des journées de presse qui précèdent traditionnellement le grand rush des badauds, enfants rêveurs, conducteurs passionnés, chasseurs de catalogues et potentiels acheteurs. Fait rétrospectivement étonnant, le break GLS a les honneurs d'un support tournant destiné à mettre cette déclinaison en vedette. Le marché ne lui réserve pas les mêmes faveurs.

Ci-dessus et ci-contre.
Les berlines GL à cinq portes sont largement représentées. Dans l'esprit du constructeur, cette déclinaison est le pilier de la gamme.

Ci-dessous.
Les berlines trois portes ne sont pas négligées ; elles constituent une offre singulière sur le marché français.

Ci-contre.
Le break trois portes est, pour sa part, mis en avant sur un plateau tournant : un coup de poker pour une carrosserie peu usitée en France ? Rappelons que quelques années plus tôt, Aronde Châtelaine et P60 Ranch suivaient la même formule, avec un certain succès.

Ci-contre. *Europe Auto* met la 1100 GLS à l'honneur de sa couverture d'octobre 1967. Sa prise en mains se conclut ainsi : « *Finalement, la Simca 1100 se lance sur le marché avec trois bons atouts : une excellente tenue de route, un très bon freinage… et la garantie de deux ans Simca. Elle est loin d'être sans défauts, certes, mais son tort principal, nous le connaissions avant même d'avoir essayé la voiture : c'est de venir deux ans trop tard, après ses concurrentes directes qui ont su s'implanter à une époque où elle n'existait qu'à l'état de projet ou de prototype* ».

Ci-contre. La 1100 GLS est aussi en vedette sur la couverture du numéro « Spécial Salon » de *l'Automobile* paru en octobre 1967. Le Rouge Borromées, propre aux GLS, est souvent mis en avant au moment du lancement.

soient disponibles, et même le Salon 1968 pour obtenir la transmission semi-automatique, nous l'avons vu –, la 1100 possède bien des atouts. Argument ultime : la 1100, comme toutes les autres Simca depuis le 1er septembre 1966, est également couverte par une garantie de deux ans ou 60 000 kilomètres alors que les autres constructeurs se bornent à une couverture de six mois. C'est l'Amérique !

L'accueil du public et de la presse

De manière générale, le petit monde de l'automobile paraît assez surpris par cette berline moyenne qui vient chasser sur les terres de la Peugeot 204. Le titre de l'essai de *l'Auto-Journal* paru le 23 novembre 1967 résume assez bien les choses : « *Pas si mal, et pas Simca du tout* » ! « *En fait, cette nouvelle 1100 ne possède pas les caractéristiques auxquelles Simca nous avait habitués. Pour une fois, la voiture manque un peu d'élégance et affiche ce caractère pataud qui n'est pas sans séduire tout un public épris de simple et de logique, se méfiant par opposition d'une élégance souvent synonyme de fragilité. À l'inverse, cette voiture paraît posséder de solides qualités routières qui étaient plutôt, jusqu'à présent, l'apanage d'autres marques* ».

Sur le plan esthétique, l'*Auto-Journal* estime « [qu]'*il eût été possible à notre avis de donner naissance à un style plus original, exploitant au maximum le volume habitable de la voiture tout en lui assurant un aspect séduisant.* »

Pourtant, lors de sa première présentation officielle de la 1100 à ses lecteurs le 28 septembre 1967, l'*Auto-Journal* n'avait pas accueilli si fraîchement que

Ci-contre. En juin et en juillet 1968, *l'Auto-Journal* livre, au cours de trois numéros successifs, le compte rendu détaillé de son essai d'endurance sur 40 000 kilomètres d'une berline 1100 GL achetée neuve et de façon anonyme chez un concessionnaire. Menée tambour battant, la voiture a notablement souffert, cassant notamment son embrayage après 30 000 kilomètres. Heureusement, la garantie de deux ans ou 40 000 kilomètres ont couvert cet incident.

Les 1100 et leurs rivales sur le marché en mars 1968

	Moteur	Transmission	Suspension	Freinage	Vitesse de pointe	L x l (cm)	Choix de carrosseries et tarifs
Simca 1100	1 118 cm^3 6 CV fiscaux 53 ch DIN (LS) à 56 ch DIN (GL, GLS).	Traction avant. Boîte 4 vitesses, levier au plancher. Boîte semi-automatique Ferodo en option[5].	4 roues indépendantes. Barres de torsion AV. Barres de torsion AR.	Disques à l'AV. Tambours à l'AR. Pas d'assistance.	Plus de 140 km/h.	394 x 159	Berline 3 portes : de 8000 à 9 250 francs. Berline 5 portes : 8 300 à 9 550 francs. Break 3 portes : 9 050 à 9 650 francs.
Peugeot 204	1 130 cm^3 6 CV fiscaux 53 ch DIN.	Traction avant. Boîte 4 vitesses, levier au volant.	4 roues indépendantes. Ressorts hélicoïdaux AV. Ressorts hélicoïdaux AR.	Disques à l'AV. Tambours à l'AR. Servofrein sur GL.	140 km/h.	399 x 156	Berline 4 portes : de 8 750 à 9 400 francs. Break cinq portes : 9 850 francs.
Renault 10 Major	1 108 cm^3 6 CV fiscaux 46 ch DIN.	Tout à l'arrière. Boîte 4 vitesses, levier au plancher. Transmission automatique Jaeger (supplément de 950 francs).	4 roues indépendantes. Ressorts hélicoïdaux AV. Ressorts hélicoïdaux AR.	Disques à l'AV. Disques à l'AR. Pas d'assistance.	Près de 130 km/h.	420 x 153	Berline 4 portes : de 8 170 à 8 445 francs.
Autobianchi Primula	43 ch DIN 1 221 cm^3 7 CV fiscaux 55 ch DIN.	Traction avant. Boîte 4 vitesses, levier au volant.	Essieu arrière rigide. Ressorts à lames AV. Ressorts à lames AR.	Disques à l'AV. Disque à l'AR . Pas d'assistance.	Près de 145 km/h	378 x 158	Berline 2 portes : 8 730 francs. Berline 3 portes : 9 290 francs. Berline 4 portes : 9 750 francs. Berline 5 portes : 9 930 francs.
Fiat 124	1 197 cm^3 7 CV fiscaux 60 ch DIN.	Propulsion. Boîte 4 vitesses, levier au plancher.	Essieu arrière rigide. Ressorts hélicoïdaux AV. Ressorts hélicoïdaux AR.	Disques à l'AV. Disques à l'AR. Pas d'assistance	Plus de 145 km/h.	403 x 162	Berline 4 portes : 7 840 francs. Break 4 portes : 9 890 francs.
Opel Kadett	1 078 cm^3 6 CV fiscaux 55 ch DIN.	Propulsion. Boîte 4 vitesses, levier au plancher.	Essieu arrière rigide. Ressorts à lames AV. Ressorts hélicoïdaux AR.	Disques à l'AV. Tambours à l'AR. Pas d'assistance. Double circuit.	Plus de 135 km/h.	418 x 157	Berline 2 portes : de 7 705 à 8 450 francs Berline 4 portes : de 8 325 à 8 965 francs Break 3 portes : 8 405 francs Break 5 portes : 9 005 à 9 630 francs.
Austin 1100 Mk II	1 098 cm^3 6 CV fiscaux 44 ch DIN.	Traction avant. Boîte 4 vitesses, levier au plancher.	4 roues indépendantes. Suspension. Hydrolastic – éléments caoutchouc reliés par circuit hydraulique.	Disques à l'AV. Tambours à l'AR. Pas d'assistance.	Environ 130 km/h.	373 x 153	Berline 2 portes : 9 250 francs.
DAF 55	1 108 cm^3 6 CV fiscaux 45 ch DIN.	Propulsion. Transmission automatique à variation continue. Variomatic, levier sélecteur au plancher.	4 roues indépendantes. Barres de torsion AV. Ressorts hélicoïdaux AR.	Disques à l'AV. Tambours à l'AR. Pas d'assistance. Double circuit.	Environ 135 km/h.	388 x 154	Berline 2 portes : 8 850 francs.
Skoda 1100 MB	1 107 cm^3 6 CV fiscaux 46 ch DIN.	Tout à l'arrière. Boîte 4 vitesses, levier au plancher.	4 roues indépendantes. Ressorts hélicoïdaux AV. Ressorts hélicoïdaux AR.	Tambours à l'AV. Tambours à l'AR. Pas d'assistance.	Environ 125 km/h.	417 x 162	Berline 4 portes : 7 995 francs. Berline 2 portes MB X sans montant central : 8 250 francs.

5. Sur le papier seulement, cet équipement n'est réellement disponible qu'à l'automne 1968.

Ci-dessus.
À l'été 1968, Simca peut déjà s'appuyer sur une revue de presse conséquente et très avantageuse par-delà l'Europe. La marque va s'en emparer pour en agrémenter ses catalogues et communications publicitaires pour le millésime 1969.

Ci-contre.
En mai 1968 au Mans, les Simca 1100 font un triomphe dans leur classe au Mobil Economy Run. Elles enlèvent en effet les trois premières places au rendement énergétique, avec une moyenne 105,592 km/h en consommant 9,157 l/100 km pour le tandem vainqueur Picard-Peurey, ainsi que la première et la troisième place au classement de l'efficacité, avec une moyenne de 73,293 km/h moyennant 5,511 l/100 km pour le même tandem, qui gagne également cette épreuve. Naturellement, les Simca 1100 remportent le trophée Mobil de sa classe.

MOBIL ECONOMY RUN

le 13e mobil economy run
... il faut tuer les légendes

« La SIMCA 1000 c'est une bonne voiture, mais elle consomme... »

« SIMCA c'est nerveux mais ça consomme... »

Combien de fois, des années durant, n'avons-nous pas entendu rabâcher ces leitmotiv soigneusement, amoureusement, entretenus par nos concurrents.

On en arrivait presque à ne plus oser parler de consommation, c'était devenu pour nous un complexe, un mal honteux.

A nous d'attaquer, preuves en mains :
Il y a au monde une grande épreuve annuelle d'économie, elle n'est discutée par personne, tous les constructeurs se battent pour l'emporter : c'est le MOBIL ECONOMY RUN.

Cette année il s'est disputé au MANS, au mois de mai en deux épreuves : rendement énergétique et efficacité.

Pour l'épreuve de rendement disputée pendant 7 heures sur le circuit des 24 heures du Mans, le classement tenait compte de trois facteur : le poids du véhicule, sa vitesse et sa consommation.

Le classement à l'efficacité, lui, était déterminé après 10 heures de course sur le circuit Bugatti, en fonction de la vitesse par rapport à la consommation.

Dans les deux épreuves, les SIMCA ont pris la tête de leur catégorie :

En classe 2 (voitures de 701 à 1.000 cm^3)

— rendement énergétique
2e BOUCHET - PONTI sur SIMCA 1000
Moyenne 96,364 km/h - 7,526 l

— efficacité
1er BOUCHET - PONTI
Moyenne 71,063 km/h - 5,211 l

La SIMCA 1000 enlève le trophée Mobil, classe 2.

En classe 3 (voitures de 1001 à 1300 cm^3)

— rendement énergétique
1er PICARD - PEUREY sur SIMCA 1100
Moyenne 105,592 km/h - 9,157 l
2e LELONG - MESANGE sur SIMCA 1100
Moyenne 101,200 km/h - 8,902 l
3e MASSON - IRIART sur SIMCA 1100
Moyenne 111,490 km/h - 11,444 l

— efficacité
1er PICARD PEUREY
Moyenne 73,293 km/h - 5,511 l
3e MASSON - IRIART
Moyenne 73,708 km/h - 6,222 l

Evidemment, la SIMCA 1100 emporte le trophée Mobil de sa catégorie.

cela l'esthétique de la voiture, puisque nous lisons : *« en regardant cette 1100, on doit admettre que les notions d'utilité et d'esthétique sont compatibles »*. Et si, finalement, les journalistes, même les plus indépendants et objectifs, s'étaient laissés influencer par

Quand les préséries s'invitent sur les premiers documents du constructeur

Les premiers documents produits par les constructeurs sont généralement, pour l'historien de l'automobile et l'amateur averti, l'occasion de jouer au jeu des sept erreurs. Bien souvent en effet, un examen attentif permet de débusquer des éléments qui n'ont jamais franchi le cap de la grande série. Les Simca 1100 n'échappent évidemment pas à la règle !

Ci-dessus.
Ce break GLS arbore des tours de jantes qui ne sont pas retenus en série. Ils paraissent hérités des Simca 1000 GLS. L'absence de butoirs à l'arrière et le cartouche « SIMCA 1100 » sont en revanche conformes à la définition de série de ce type de véhicule.

Ci-dessous.
Ce break GLS-ci, en revanche, ne possède pas d'enjoliveurs de jantes.

Ci-dessous.
Quant à cette 1100 GL que l'on retrouve sur bien des feuillets et dans le catalogue 1968, elle arbore des tours jantes chromés pleins et un pare-chocs arrière avec des retours latéraux courts.

Ci-contre.
Au sein des ateliers de Poissy, les 1100 se sont maintenant fermement installées aux côtés des autres productions de la gamme : 1000, 1301 et 1501. Avec 138 242 unités produites en 1968 pour leur première année pleine, elles sont déjà parvenues à représenter 39,5 % des volumes de production de l'usine, qui fabrique cette année-là 350 083 véhicules, dont 6 674 Sim'4, 107 753 berlines 1000, 54 425 Simca 1301, 37 645 Simca 1501 et 5 344 coupés 1200 S.

l'opinion ? Les essayeurs d'*Europe Auto*, qui publient leurs premières impressions en octobre 1967, sont, pour leur part, tout à fait positifs sans être dithyrambiques : « *Est-elle belle ? Est-elle laide ? La Simca 1100 n'est pas spécialement belle, elle n'est pas non plus laide. Réponse de normand ? Non : la nouvelle Simca n'impressionne pas par une ligne particulièrement réussie, mais elle est assez plaisante à voir, discrète, neutre. On n'est ni choqué ni émerveillé. L'œil s'y habituera très vite.* »
S'agissant de la tenue de route, l'*Auto-Journal* rappelle que « *la Simca 1000 a longtemps souffert de sa mauvaise réputation en* [la] *matière.* [...] *Avec la 1100, Simca a voulu faire peau neuve et nous pouvons dire que, sur ce point, la réussite est complète. Nous croyons que le conducteur tranquille aussi bien que le pilote sportif seront satisfaits de cette voiture remarquablement peu typée en tant que traction avant et qui s'avère avant tout bien équilibrée, en contact étroit avec la route, grâce à sa bonne adhérence fournie par une suspension efficace et confortable* ».
Du point de vue de l'agrément, l'*Auto-Journal* note encore une direction agréable et précise ainsi qu'un freinage efficace, de même qu'un équipement général satisfaisant, tout en déplorant le côté « *peu esthétique* » des aérateurs latéraux, cependant efficaces. Le moteur est cependant considéré comme bruyant à haut régime, la pédale de frein ferme, et le maniement de la boîte de vitesses comme très perfectible. Enfin, le dessin des sièges ne recueille pas l'approbation.
Et le break ? Le 1er août 1968, l'*Auto-Journal* publie un rapide essai d'un tel modèle en finition GLS : le titre, « *trois grandes portes sans grande portée !* » *donne le ton.* « *Par rapport à la berline à ouverture arrière, les avantages du break sont minces et ne portent que sur la hauteur de chargement due à la forme plus carrée de la carrosserie. Simca a voulu différencier ce modèle par des pneus plus gros et par une suspension arrière supportant mieux la charge. À cause des pneus, les performances et surtout la tenue en côte sont altérées, tandis que le confort à vide se trouve un peu compromis par la suspension* ». Simca ne va cependant pas tarder à revoir sa copie pour donner de meilleures chances de succès à son break.

Quant au dispositif Ferodo Verto, *l'Auto-Journal* considère que, « *en définitive, cette transmission est un succédané de boîte automatique, mais néanmoins un palliatif intéressant, en ce sens qu'il permet à ceux qui ne désirent pas manœuvrer une boîte de vitesses de calquer très étroitement le nombre de manœuvres qu'ils désirent effectuer sur la nervosité qu'ils veulent obtenir.* [...] *Si les "changements de vitesse" s'effectuent avec douceur et sans le moindre craquement de pignons, le levier n'en est pas moins imprécis et ferme par rapport à une boîte moderne, cela avec un débattement trop important* » (27 février 1969).
Parmi toutes ces rivales, la plus sérieuse est bien évidemment la Peugeot 204 : même puissance fiscale, même schéma de conception mécanique, même objectif de conquête d'une clientèle nouvelle pour son constructeur. Ce que l'une mise sur la praticité, l'autre le mise sur une forme d'élégance discrète.
À l'issue d'un match très serré relaté dans l'édition du 14 août 1969, l'*Auto-Journal* déclare les deux rivales *ex aequo* en leur attribuant la note générale de 7/10. Aux clients donc de choisir en fonction de leurs goûts entre ces deux surdouées !
En théorie, toutes les versions de la gamme sont livrables avec la boîte automatique, quelle que soit la carrosserie ou la finition, le tarif de lancement ne formulant aucune exclusion à cet égard, pas même pour la Commerciale. Le prix de cette option n'est cependant pas mentionné, ce qui en dit long sur le délai avant lequel elle sera réellement disponible.

Tarif français et catalogue des options au lancement (octobre 1967)

Modèle selon le libellé officiel du tarif[6]	Tarif en France métropolitaine	Montant minimal du premier versement pour un achat à crédit	Options disponibles
Simca 1100 LS 2 portes	7 750 francs	1 600 francs	1
Simca 1100 LS 4 portes	7 980 francs	1 680 francs	1
Simca 1100 break LS	8 680 francs	1 830 francs	
Simca 1100 GL 2 portes	8 380 francs	1 780 francs	2, 3
Simca 1100 GL 4 portes	8 580 francs	1 830 francs	2, 3
Simca 1100 GLS 2 portes	8 920 francs	1 870 francs	3
Simca 1100 GLS 4 portes	9 050 francs	1 900 francs	3
Simca 1100 break GLS	9 380 francs	1 980 francs	3
Simca 1100 Commerciale	7 750 francs	1 600 francs	
Catalogue des options			
1. Garnissage vinyle (berlines LS 2 portes et LS 4 portes)	80 francs		
2. Garnissage Chevrane (berlines GL 2 portes et GL 4 portes)	200 francs		
3. Laque métallisée (berlines GL 2 portes, GL 4 portes, GLS 2 portes et GLS 4 portes, break GLS)	75 francs		

6. Nous reprenons ici et dans les tarifs de toutes les années l'exacte terminologie retenue par le constructeur. Les 1100 à trois portes et à cinq portes sont ainsi dénommées respectivement nommées « 2 portes » et « 4 portes » par les services commerciaux Simca.

Ci-contre.
La plus importante nouveauté pour 1969 est assurément constituée par le lancement du break à cinq portes. En France, celui-ci n'existe qu'en versions GL et GLS – cette dernière supplante l'éphémère break GLS à trois portes –, tandis que le break LS reste fidèle à la carrosserie des origines. En somme, le nombre de portes devient un facteur différenciant des diverses finitions : dans l'esprit du Marketing Simca, les deux portes latérales supplémentaires représentent visiblement un certain luxe. Ce n'est toutefois pas vrai pour tous les marchés : aux Pays-Bas par exemple, le break LS possède cinq portes dès la rentrée 1968.

1969-70 : ÉLARGIR SANS CESSE LA GAMME

Un an après la révélation de son nouveau cheval de bataille, l'état-major de Poissy peut se montrer assez satisfait. Le modèle ne crée certes pas l'émeute sur le marché, mais prend rapidement une place de choix dans les concessions et sur les chaînes : il devient déjà, sur l'exercice 1968, la Simca la plus produite, devançant la 1000 avec ses 114 427 exemplaires, les 1301-1501 totalisant 92 070 unités et le coupé 1200 S produit à 5 344 exemplaires. Il faut sans doute laisser du temps à la clientèle de s'habituer à cette voiture d'un concept encore assez nouveau, surtout pour Simca, l'inviter à la juger pour ses qualités plus que sur sa forme. Pour l'y aider, la marque ne perd pas de temps pour lui en conférer davantage encore, par diverses retouches techniques et le lancement d'une nouvelle carrosserie.

Septembre 1968 : un nouveau break, mais sans rupture

Alors que l'ensemble de la gamme de carrosseries n'est réellement disponible que depuis quelques mois, la rentrée 1968 amène déjà son lot de changements. Dès avant la fin de son premier millésime, la famille 1100 connaît quelques évolutions, avec la modification du support de crémaillère de direction et l'adoption d'un flector de direction plus souple, mais les évolutions appliquées à compter de septembre 1968 sont nettement plus visibles pour le chaland. Ainsi, toutes les voitures reçoivent un plaquage en faux bois sur la planche de bord, toutefois réparti différemment en fonction des finitions : seulement sur la platine supportant les commandes du chauffage sur les LS, aussi sur la porte de planche de bord sur les GL et GLS, également sur le fond de l'espace fourre-tout devant le passager sur la GLS. Sur les LS et GL, le tour du moyeu du volant reçoit un cerclage chromé décoratif. De plus, les sièges des GLS délaissent les rectangles horizontaux qui composaient leur bande centrale pour des garnitures dotées uniquement de cotes verticales. Les aérateurs latéraux sont par ailleurs redessinés ; au tour lisse, ils préfèrent désormais un élément cranté, comme une sorte de molette.

À l'extérieur, les custodes de la GLS cinq portes gagnent un enjoliveur d'extracteur d'air plus épais. Cette modification esthétique allège quelque peu un panneau dont l'épaisseur ne constitue pas nécessairement la plus grande réussite esthétique de l'auto.

En revanche, la berline trois portes GL tire sa révérence. Il en va de même des breaks trois portes GLS, dont la carrière commerciale réelle n'aura guère duré qu'un semestre. En parallèle, toutes les versions reçoivent quelques ajus-

Ci-contre.
L'autre fait marquant de ce millésime est constitué par la naissance d'une berline cinq portes 5 CV. En lançant cette voiture, Simca est en mesure de proposer à la fois une voiture très traditionnelle – la 1000 – et très moderne – la 1100 – sur le même segment de marché. À l'exception de son moteur, la 5 CV, qui n'existe qu'en finition LS, ne diffère guère des 6 CV correspondantes. Le logo « 5 CV » qui l'identifie sur le hayon disparaît après le premier millésime.

Ci-contre.
La planche de bord des GLS évolue assez notoirement en se parant massivement de faux bois. Les sièges reprennent désormais le même motif à côtes longitudinales que les LS. Notons par ailleurs les nouveaux aérateurs latéraux crantés, introduits ce millésime.

Ci-contre.
Les berlines cinq portes 1100 GLS millésime 1969 se reconnaissent immédiatement de l'extérieur à leur nouvel enjoliveur large de custode. Précisons par ailleurs que la platine « SIMCA 1100 », soulignant le hayon, est désormais montée sur toute la gamme. Ici, un document néerlandais ; outre le break « Tourist » LS à cinq portes, la gamme locale comprend un break « Tourist » GLS avec le même nombre d'ouvrants, des berlines trois et cinq portes dites « Coach » et « Sedan » en finitions LS et GLS et la fourgonnette « Commercial ».

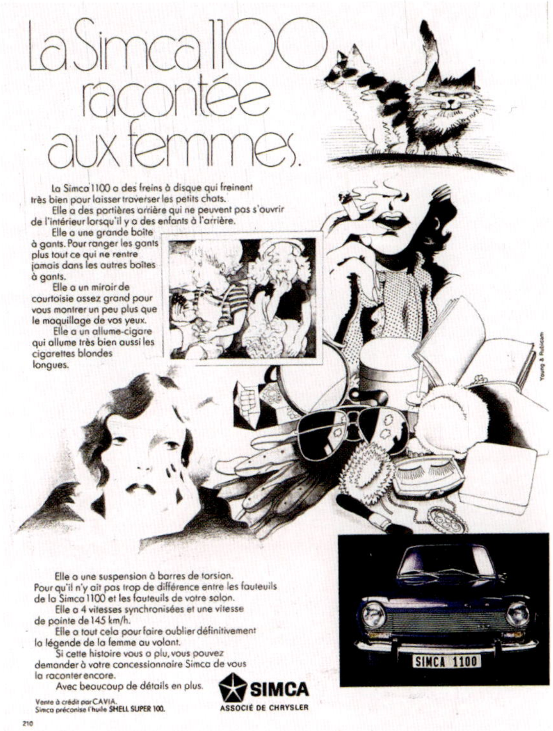

Ci-contre.
Au cours des années 1960, Simca a sans cesse cherché à séduire la clientèle féminine. La Simca 1100, avec sa ligne qui rompt avec le classicisme latin en vogue chez le constructeur depuis la 1000, est susceptible de susciter une certaine réticence. Le 12 octobre 1967, l'*Auto-Journal* se demande d'ailleurs comment elles seront accueillies par la gent féminine. Simca semble partager les mêmes interrogations à la lueur des premiers retours en clientèle et lance par conséquent cette campagne « *La Simca 1100 racontée aux femmes* ». Une approche qui serait sans doute mal perçue à l'heure actuelle.

tements techniques, avec une nouvelle traverse avant et un plancher arrière renforcé de sorte à améliorer la fixation de la roue de secours. En outre, la transmission semi-automatique optionnelle, annoncée et tarifée depuis le Salon 1967 sans pour autant être livrable, peut désormais bel et bien être obtenue.

Au-delà de ces changements aux modèles existants, la rentrée est également l'occasion pour une série de nouvelles versions d'entrer dans le bal et d'agrandir la famille. La gamme de carrosseries, pourtant déjà riche – pour une voiture française – s'étoffe d'une cinquième déclinaison, avec l'apparition d'un break à cinq portes. Sans doute nettement mieux adaptée aux besoins des familles que la déclinaison familiale trois portes des origines, cette silhouette la supplante en version GLS, mais existe également en version GL qui n'a pas son équivalent sur la carrosserie break trois portes. Ce dernier ne survit qu'en finition LS.

La gamme gagne aussi une deuxième mécanique : à l'instar de la Simca 1000 déclinée en modèle économique 4 CV dit Sim'4, la Simca 1100 élargit sa gamme vers le bas en embarquant justement le moteur 944 cm³ (68 x 65 mm) de sa petite sœur. Les berlines trois ou cinq portes LS 6 CV des débuts sont ainsi flanquées par des 5 CV ; toutes conservent le dépouillement des modèles 1968. Le break trois portes LS conserve, pour sa part, la mécanique 6 CV. Grâce à ce jeu de Meccano, Simca est en mesure de proposer côte à côte dans sa gamme deux 5 CV que presque tout oppose dotées du même moteur : d'une part, la 1000,

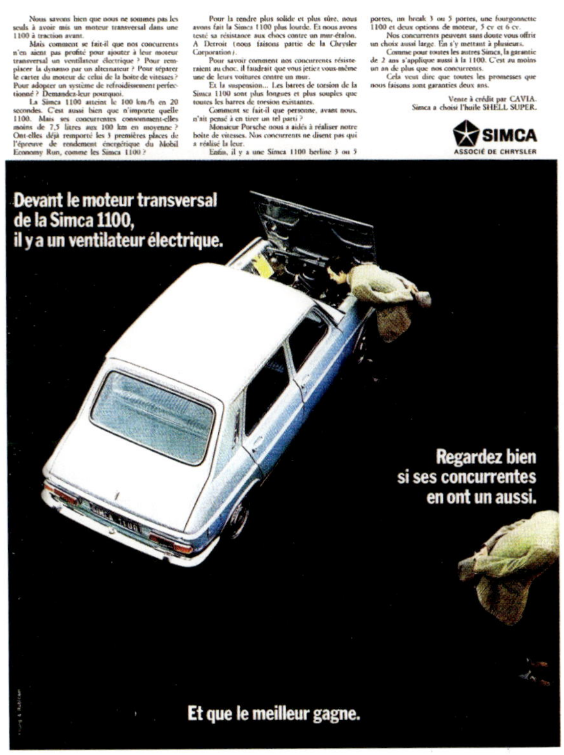

Ci-contre à gauche et à droite.
En parallèle, Simca lance une campagne invitant les acheteurs potentiels à comparer les qualités des 1100 avec celles de la concurrence. S'il fallait trouver un titre à cette campagne imaginée par l'agence Young and Rubicam, nous pourrions l'intituler « ne vous fiez pas aux apparences » !

Ci-dessus.
En Allemagne, les publicitaires prennent les conducteurs par les sentiments : « *Dans la Simca 1100, il y a la place pour 24 caisses de bière. Et dans ses concurrentes ? Que le meilleur gagne* » ! Pour le respect des bonnes formes, rappelons que boire ou conduire…

quatre portes tricorps à moteur arrière à propulsion, pour ceux qui aiment les silhouettes classiques et souhaitent rester fidèles aux recettes qui ont marqué les deux décennies d'après-guerre en Europe continentale avec les 4 CV, Dauphine, puis R8 Renault en France, les Fiat 500, 600, 850 en Italie ou encore les Goggomobil et VW en Allemagne, d'autre part, la 1100 5 CV, à l'arrière transformable, à traction avant et moteur transversal. Avec cette déclinaison, Simca imite les autres filiales de grands constructeurs américains que sont Ford et Opel en jouant la carte du recouvrement des gammes. D'une certaine manière, la firme réédite également une voiture de circonstance qui avait marqué la fin des années 1950, en recréant, à tout prendre, une petite Ariane ; une voiture économique et spacieuse, fiscalement avantageuse, pour les familles qui tiennent plus à la praticité et au confort qu'au luxe et au brio. Les rapports de pont sont raccourcis pour permettre tout de même à ce moteur limité à 45 ch DIN au régime haut perché de 6 000 t/min et à seulement 6,35 mkg de couple maximal à 3 400 t/min de mouvoir à peu près dignement une caisse relativement vaste pour lui. Compte tenu des moyens limités de cette mécanique, le constructeur choisit de ne pas offrir la possibilité de la flanquer de la transmission semi-automatique Ferodo Verto. Pour se démarquer un peu plus nettement de leurs homologues 5 CV, les LS 6 CV gagnent en janvier 1969 le moteur 56 ch DIN des GL et GLS.

Ci-contre.
En 1967, Sir Max Aitken, propriétaire du *Daily Express* et deux de ses éditorialistes ont l'idée de créer le plus long rallye du monde, entre Londres et Sydney, avec l'espoir de mettre en valeur l'automobile anglaise qui commence de manger son pain noir. La première édition de ce rallye-marathon prend son envol le 24 octobre 1968. Au total, 72 voitures sont engagées dans cette course folle dotée d'un prix de 10 000 livres sterling pour le vainqueur, de 3 000 livres pour son dauphin et de 2 000 livres pour le troisième. Parmi elles, trois sont des Simca 1100. La voiture 46 menée par B. Hew est celle qui s'en tire le mieux, en finissant l'épreuve à la quarantième place. Les 1100 pilotées par R. Masson et P. Boucher ne rallient pas l'arrivée. Alors que la victoire semblait acquise à la Citroën DS du tandem L. Bianchi-J.-C. Ogier jusqu'à ce qu'elle rencontre violemment une Mini sur une portion de route supposée fermée à la circulation, l'épreuve est finalement remportée par A. Cowan sur Hillman Hunter.

Salon de Paris 1969 : haute couture et beauté intérieure !

Au 56e Salon de Paris 1969, marqué par le lancement de deux grandes vedettes du paysage automobile français de la décennie qui s'ouvre, les Renault 12 et Peugeot 304, le stand Simca tente d'attirer l'attention avec l'étonnante 1100 Pierre Cardin.

Il faut dire que l'année 1969 s'avère nettement moins satisfaisante sur le plan des ventes que l'exercice précédent. Passé l'effet de la nouveauté, le flux de commandes se tasse déjà quelque peu, malgré le lancement du break cinq portes à l'automne précédent. De fait, seulement 107 820 Simca 1100 sont immatriculées entre le 1er janvier et le 31 décembre 1969 dans la CEE, contre 116 007 sur l'exercice précédent. En France, le nombre d'immatriculations de Simca 1100 s'est tassé de 84 786 à 78 197 unités entre les deux années. Pendant ce temps-là, les immatriculations de Peugeot 204 progressent en nombre, de 164 647 à 179 636 voitures à l'échelle de la CEE, de 143 656 à 156 265 sur le marché hexagonal. Il est donc plus que nécessaire de mettre un coup de projecteur sur les 1100, alors que l'image des 1000 et 1501 est redynamisée grâce aux déclinaisons « Spécial ». Objectif de la 1100 Cardin : faire venir les visiteurs sur le stand pour qu'ils prennent connaissance des nouveautés de la gamme. Comme l'indique Georges Héreil au nouveau Président

Ci-contre.
La 1100 Cardin trône sur le stand Simca du Salon de Paris d'octobre 1969. La voiture serait née d'une proposition de Pierre Cardin lui-même. Le couturier est alors très en vue et réputé pour ses idées novatrices, tant en ce qui concerne les matières que la commercialisation. « *Je veux une voiture pour les hommes* ». C'est ainsi que se résumeraient le projet et l'intention de Pierre Cardin si l'on en croit René Bellu (*Automobilia*, hors-série numéro 31, *Toutes les voitures françaises 1970*, 2004). Pare-chocs noirs, peinture marron-nègre, chapeaux de roues spécifiques, chromes parcimonieux, mais judicieusement répartis : les retouches sont limitées, mais transforment assez sensiblement l'aspect de la voiture en un objet moderne, adapté à l'homme dynamique et « dans le vent ».

Ci-dessus.
L'aménagement intérieur de la voiture rappelle davantage le monde de l'ameublement haut de gamme et la haute couture du temps que l'univers esthétique de l'automobile. Une grosse montre au centre du volant éclipse les autres instruments de contrôle ; les aérateurs géants exacerbent visuellement l'idée de confort, portée aussi par la radio et la boîte semi-automatique. L'on aurait pu penser que cette dernière était un attribut plutôt féminin, tout comme les commandes multicolores, mais Pierre Cardin n'hésite pas à transgresser les codes, tous les codes !

de la République Georges Pompidou lors de l'inauguration du Salon lorsqu'il s'enquiert du nom du véhicule, « *Pour l'instant, c'est une voiture de rêve, simplement. Ceci dit, elle attire les foules. Je crois que c'est très bien. C'est cette contribution qu'apportent les peintres à la sculpture, que le sculpteur apporte à la peinture. C'est la coexistence des différents arts, et la forme, dans le fond, est améliorée* ».
Cette création sur base de berline 1100 trois portes se caractérise à l'extérieur par une calandre dépouillée noire, des pare-chocs également noirs démunis de butoirs et par une teinte dite « marron-nègre », à l'intérieur par une planche de bord complètement revisitée avec des boutons de couleur, une gigantesque montre sur le moyeu du volant et des sièges dont l'assise rappelle davantage des poufs disposés dans un salon design que des sièges de voiture. En fait, l'élément le plus intéressant de cette voiture est constitué par son hayon à pente droite doté d'une grande lunette arrière, qui modernise sensiblement une vue de trois quarts arrière parfois décriée. Cet élément distinctif inspire certainement ceux qui, dans les bureaux d'études, réfléchissent aux développements futurs de la gamme…
L'offre courante, pour sa part, est une nouvelle fois revue et corrigée. Ainsi, toutes les mécaniques bénéficient du renfort de quelques chevaux. Les 5 CV disposent désormais de 48 ch DIN au lieu de 45, avec un couple amélioré à 6,7 mkg à 3 200 t/min grâce à la redéfinition des chambres de combustion et des pistons, à l'amélioration de l'admission et de l'alimentation. De la même manière, la puissance des berlines et breaks 6 CV fait un bond de 56 à 60 ch DIN, alors que la fourgonnette – la dernière à rester fidèle à l'exécution 53 ch DIN depuis début 1968 – dispose désormais de 54 ch DIN. Une légère augmentation du couple à régime équivalent permet en outre de réduire la consommation de l'ordre de 3 %, *dixit* le constructeur. Autre évolution technique, la direction est dotée d'un nouveau flector avec des éléments plus souples ainsi que d'un joint de cardan de colonne monté sur aiguilles ; ces modifications visent à réduire les remontées depuis la chaussée. De plus, toutes les 6 CV, même la fourgonnette, peuvent désormais recevoir un servofrein moyennant supplément.
Les changements sont aussi esthétiques. De l'extérieur, la 1100 LS 5 CV 1970 se signale immédiatement aux yeux

Ci-dessus.
Le dossier de presse se présente sous une formule originale, avec une série de sketches, comme autant de dessins préliminaires à la confection d'un vêtement. Ils reviennent tour à tour sur l'ensemble des caractéristiques de la voiture. Outre l'aspect extérieur et la planche de bord, citons aussi les sièges dont l'assise en forme de pouf de vinyle noir comprend un fourre-tout bordé d'un rappel dans les tons de la carrosserie.

Ci-dessous.
L'arrière cassé est dès l'origine considéré comme l'une des faiblesses esthétiques de la 1100. Pierre Cardin l'a évidemment corrigée à sa manière, avec une porte de coffre à pente directe, dotée d'une lunette agrandie et munie d'un dégivrage. Après avoir connu les honneurs de la verrière de la Porte de Versailles, la 1100 Pierre Cardin sert de muse aux stylistes de Simca et de Heuliez pour redéfinir l'arrière des berlines de série. Dûment immatriculée en Seine-et-Marne, la voiture est d'ailleurs tout à fait apte à prendre la route.

du connaisseur par la disparition de son logo « 5 CV » de hayon ; en fait, elle perd là le seul signe qui la distinguait de son homologue 6 CV. Peut-être pour ne pas froisser l'ego de ses acquéreurs… La planche de bord est totalement revisitée, délaissant l'instrumentation horizontale en faveur de cadrans ronds : deux sur les LS, contenant tachymètre, totalisateur kilométrique, thermomètre d'eau et jauge à essence, quatre sur les GL, ceux de part et d'autre restant vacants pour accueillir montre et compte-tours vendus en option, quatre également sur les GLS, équipées de série d'une montre, d'un totalisateur partiel et d'un allume-cigares que n'ont pas les GL. Le volant change égale-

Heuliez Saharienne : la Méhari de Simca ?

Ci-contre et ci-dessous. La Saharienne s'est échappée pour un safari photo après le salon. Présentée tantôt comme cabriolet de charme pour couple aisé, tantôt comme voiture des copains, il n'en reste pas moins que le véhicule semble difficile à positionner. Trop luxueux pour être une concurrente utilitaire aux Méhari, pas assez élégante pour s'attaquer aux Peugeot 204C, pas assez confortable dès que le soleil printanier ou automnal ne berce plus les passagers – la capote légère est du type « bâche » comme sur la Méhari –, il sombre très vite dans l'oubli, comme d'ailleurs la 4 Plein Air.

Fondée en 1920 à Cerizay, la société Heuliez carrossait des véhicules automobiles depuis 1925. Après avoir réalisé quelques breaks et utilitaires, la firme se diversifie vers les autocars puis, dans les années 1950, vers les véhicules publicitaires, dont c'est alors l'âge d'or. Au début des années 1960, la firme cherche à devenir un sous-traitant pour les grands constructeurs automobiles et – pourquoi pas – vers la production de voitures de tourisme en marge de la série. C'est d'abord vers Citroën qu'elle se tourne, marque avec laquelle une fructueuse collaboration donne naissance à des milliers de véhicules spéciaux sur base U23 commercialisés dans son réseau et aboutit à la réalisation de pièces pour les HY et les fourgonnettes 2 CV. En 1962, Heuliez présente un cabriolet quatre portes sur base DS 19 pour montrer son savoir-faire. Citroën ne donne pas suite, laissant à Chapron l'exclusivité des voitures de tourisme hors-série. Ces efforts ne sont toutefois pas vains et attirent l'attention de Simca, qui noue contact avec Heuliez en vue de la fabrication d'une petite fourgonnette sur base de Simca 1000. Le projet étant abandonné, la marque à l'Hirondelle laisse à l'entreprise des Deux-Sèvres le soin de fabriquer des plateformes de 1301-1501. Pourtant, Heuliez persévère dans sa volonté de construire des voitures particulières en petite série : pour tenter de séduire cette fois l'état-major de Simca, Heuliez présente simultanément un grand coupé sur base 1501 et un véhicule de loisirs sur base 1100 au Salon de Paris 1968[1]. Baptisé 1100 Saharienne, ce véhicule peint en jaune entend constituer une proposition alternative à la Citroën Méhari, tout en adoptant une conception qui la rapproche davantage de la Renault 4 Plein Air préparée par Sinpar. Contrairement à la Méhari, qui repose sur une base de Dyane, mais présente une carrosserie qui lui est intégralement propre, la Saharienne part comme la Renault de la carrosserie du modèle de série dont elle dérive. Elle revêt donc sous la forme d'un break trois portes qui a perdu son pavillon et dont la banquette arrière a été surélevée pour rendre le voyage des passagers plus ludique.

Malgré les efforts déployés, les dirigeants de Simca ne répondent pas à l'appel du pied de la firme de Cerizay, et la 1100 Saharienne ne connaît aucune descendance, pas plus que le coupé 1501. Au bout du compte, il s'est de toute façon avéré que le marché réel de la voiture de loisirs est nettement plus restreint qu'imaginé en ces temps bercés par un vent d'évasion et de liberté.

1. *Sur le coupé 1501, voir* L'Aventure Automobile n°2 *et METZ François,* Simca 1300, 1500, 1301, 1501, l'élégance à la française, *ETAI, 2013.*

Tarif français et catalogue des options à la rentrée 1968 (lancement de l'année-modèle 1969)

Modèle selon le libellé officiel du tarif	Tarif en France métropolitaine	Montant minimal du premier versement pour un achat à crédit	Options disponibles
Simca 1100 LS 2 portes	7 995 francs	1 845 francs	2, 3
Simca 1100 LS 4 portes	8 595 francs	1 995 francs	2, 3
Simca 1100 LS break 2 portes	9 295 francs	2 195 francs	1
Simca 1100 GL 4 portes	8 595 francs	2 245 francs	1
Simca 1100 GL break 4 portes	9 995 francs	2 345 francs	1, 4
Simca 1100 GLS 2 portes	9 795 francs	2 295 francs	1, 5
Simca 1100 GLS 4 portes	9 995 francs	2 345 francs	1, 5
Simca 1100 GLS break 4 portes	10 495 francs	2 495 francs	1, 5
Simca 1100 Fourgonnette	8 490 francs	1 990 francs	1
Catalogue des options			
1. Transmission automatique	770 francs		
2. Garnissage Chevrane	210 francs		
3. Pneumatiques à carcasse radiale	75 francs		
4. Garnissage Aéralon	210 francs		
5. Laque métallisée	85 francs		

Toutes les berlines, quels que soient leur finition ou leur nombre de portes, sont livrables en « version commerciale », exonérée, pour les sociétés, de la taxe annuelle sur les voitures de tourisme, contre un supplément de 100 francs.

Une voiture couverte de louanges pour sa suspension, sa tenue de route et son habitabilité.

1100 LS Berline 7 CV - 2 ou 4 portes
Traction avant - moteur transversal - 1.118 cm³
60 ch DIN à 6.000 tr/mn - 146 km/h
Boîte 4 vitesses synchro (licence Porsche)
Freins à disque à l'avant
Planche de bord à 2 cadrans circulaires
En options : transmission semi-automatique Ferodo.
servo-frein MASTERVAC
Habillage intérieur : drap ou aéraflex
Coloris de carosserie : vert Tania - beige Anthéor - rouge Nogaro - blanc Tacoma.

1100 GLS Berline 7 CV - 2 ou 4 portes
Traction avant - Moteur transversal - 1.118 cm³
Planche de bord à 4 cadrans circulaires avec montre incorporée
Nouveaux sièges avant plus confortables
Habillage intérieur : drap ou aéralon.
Coloris de carosserie : gris Arden - jaune Eifel - bleu Estoril - vert Epsom - beige Lorelei - blanc Tacoma
Pavillon, volant et tapis assortis à la teinte du garnissage intérieur.

En options : Transmission semi-automatique Ferodo - Servo-frein Mastervac

Break 1100 LS et GLS - 4 portes
Traction avant - moteur transversal - 1.118 cm³
Caractéristiques, équipements et habillage identiques aux berlines LS et GLS.

Fourgonnette - 2 portes
Traction avant - moteur transversal - 1.118 cm³ - 54 ch DIN à 6.000 tr/mn.
Caractéristiques, équipements et habillage identiques à la berline LS.

ment et l'avertisseur sonore est transféré sur le commodo de colonne de direction. L'antivol Neiman est de série sur toutes les versions. Les garnitures de sièges sont aussi revues, de même que les habillages de contre-portes ; sur la GLS, le coloris des sièges, du volant et du tableau de bord est en harmonie avec la teinte de la carrosserie, selon le principe du *key colouring* cher aux Américains, comme l'indiquent quelques documents commerciaux du constructeur. Autre détail, les manivelles de lève-glace changent pour présenter une moindre saillie, dans un souci de sécurité et en conformité avec les normes américaines[2]. Toujours dans une optique sécuritaire, le constructeur monte également des points d'ancrage pour ceinture de sécurité à trois points aux deux places avant. Enfin, après une carrière des plus discrète, le break trois portes, qui ne survivait qu'en version LS depuis l'introduction des breaks cinq portes, disparaît. Un break LS à cinq portes lui succède. La fourgonnette, dont l'intérêt est nettement plus évident, continue pour sa part une route tranquille.

De maigres évolutions apparaissent encore au courant du millésime, dont la plus visible est constituée par le montage de ceintures de sécurité aux places avant en avril 1970. L'on peut également citer l'adoption définitive des cardans étanches GE mis à l'épreuve au cours du rallye-marathon Londres-Sydney en 1968 à partir de février 1970 ou le déplacement de la béquille de capot vers la gauche.

Ci-dessus. Une berline 1100 GL au Salon de Paris 1969. La 1100 Cardin apparaît au fond.

Ci-contre. Ainsi se présente la gamme complète des carrosseries au programme pour le début du millésime 1970. Le break trois portes a tiré sa révérence. Nous sommes ici en présence d'un document belge, mettant en évidence les singularités de la gamme locale par rapport à son homologue française : les LS à moteur 944 cm3 ne sont pas présentes sur ce marché, pas plus que la finition GL, qui a bien du mal à se faire une place. Notons aussi que la mécanique 1 118 cm³ est donnée pour 7 CV fiscaux outre-Quiévrain, contre 6 CV en France.

Ci-contre. Zoom sur la 1100 GLS à trois portes : elle va disparaître à l'été 1970. Au premier plan, un coupé Simca 1200 S.

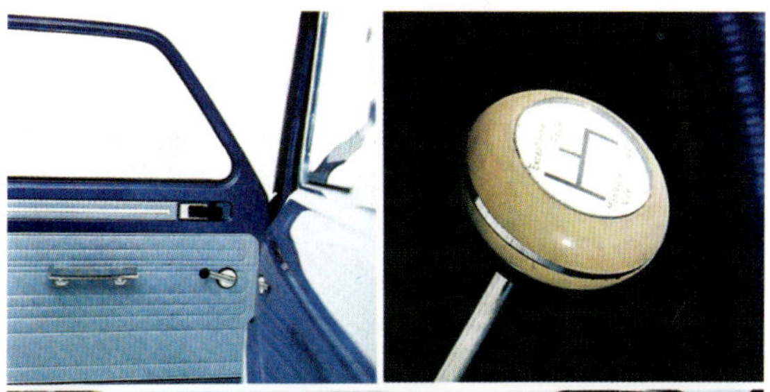

Ci-contre. Cette page du catalogue français du millésime 1970 illustre à la fois la sellerie montée depuis la rentrée 1968, le levier de vitesses de l'ensemble semi-automatique Ferodo Verto et le nouveau tableau de bord de la gamme. Désormais, les GL et GLS présentent cet ensemble à quatre cadrans, plus ou moins garnis en fonction de la finition et un volant à deux branches qui tient plus de celui des LS et GL précédentes que des premières GLS.

2. La 1100 est aussi en effet distribuée aux Etas-Unis : voir page 100 et suivantes.

A gauche.
La nouvelle planche de bord est évidemment mise en exergue par la campagne de publicité du millésime, qui prolonge celle initiée à la rentrée 1968. Bien sûr, c'est l'ensemble assez riche des GLS qui est montré et non celui des LS, qui se contente de deux cadrans.

A droite.
Le 23 mai 1970, *l'Auto-Journal* présente les nouvelles 1100 Spécial à ses lecteurs. Cette nouvelle version se démarque bien sûr par sa mécanique 7 CV dérivée de celle qui anime les coupés 1200 S, mais aussi par une présentation à l'avenant. Chromes, jantes ajourées, volant de caractère latin, projecteurs additionnels, sièges confortables dotés d'un aspect à l'américaine forment un ensemble qui se veut cossu et teinté d'un peu de sportivité, dans l'esprit de la gamme Spécial initiée par les 1000 et 1501, puis étendue aux 1301. Toutes les 1100 Spécial du millésime 1970 arborent cette élégante robe Turquoise métallisé.

La 1100 Spécial à la relance : *« Vous êtes content maintenant ? »*

À Poissy, l'on se creuse alors la tête pour tenter de redresser la barre, de donner enfin à sa 1100 la place qui lui revient sur le marché au regard de ses solides qualités, et ainsi se donner raison d'avoir défendu ce modèle si éloigné des conceptions des hommes de Détroit en matière d'automobile ! Première étape, la publicité. Alors même qu'ils sont déjà bien affairés à la relance des Simca 1000 et 1301-1501, les responsables maison du marketing, appuyés par les consultants de l'agence Young and Rubicam, relancent, dès fin 1968, une campagne invitant les acheteurs potentiels à comparer tour à tour l'économie, l'habitabilité, l'équipement ou encore la tenue de route des 1100 à celles de leurs rivales. Cette campagne est prolongée en 1969 et même amplifiée ; elle essaime ainsi sur d'autres marchés importants comme l'Allemagne de l'Ouest ou le Royaume-Uni. Mais cela suffira-t-il ? Constatant l'engouement du public pour les 1000 et 1501 Spécial, qui a largement contribué à stimuler les ventes de ces gammes déjà vieillissantes, les décideurs de Simca finissent par se demander s'il ne faudrait pas tenter le même traitement revigorant sur les 1100. Après tout, pourquoi le père de famille qui a besoin d'une voiture semi-utilitaire, n'aurait-il pas le droit au brio ? Le lancement au Salon 1969 de la Peugeot 304, exécution « populuxe » de la 204 dotée d'un moteur de 7 CV fiscaux, constitue peut-être l'événement qui achève de les convaincre : avec une 1100 bien équipée et capable de performances similaires, mais dotée d'une plus grande praticité et d'une meilleure tenue de route que la Peugeot, Simca ne tiendrait-il pas une sérieuse chance de faire le carton commercial de l'année ?
En mai 1970, alors que la 1000 vient de se décliner en version Rallye pour attirer les jeunes, la 1100 se mue donc en 1100 Spécial en recevant une version 1 204 cm^3 du moteur « Poissy », 7 CV fiscaux, dont la cylindrée est

Ci-contre.
Les 1100 Spécial millésime 1970 se singularisent par ce monogramme disposé sur l'aile avant droite, près du phare.

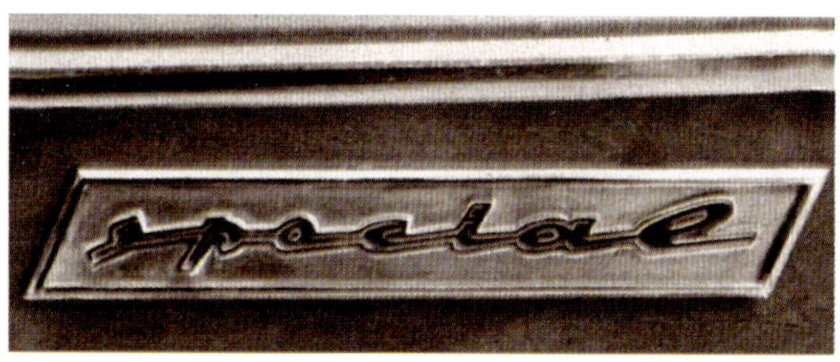

Ci-dessous.
Les 1100 Spécial apparaissent d'emblée en versions cinq et trois portes. Le lancement de cette dernière laisse vite penser aux services commerciaux que son équivalent GLS devient inutile. La 1100 Spécial trois portes est en quelque sorte le compromis entre la berline familiale et pratique et le coupé trop sportif pour un père de famille ; un juste milieu, en somme.

Ci-dessous.
Les 1100 Spécial répondent à une attente très forte de la part du marché français et des marchés européens. Avec cette publicité, les services commerciaux ne manquent pas de taquiner les impatients, et à raison : les ventes vont suivre !

LE MATCH SIMCA 1100 / 5 CV contre RENAULT 6

Deux 5 CV de construction française s'affrontent aujourd'hui dans un match rigoureux arbitré par une commission technique. Fait à souligner, les deux rivales possèdent une carrosserie semi-utilitaire. Il s'agit de la Simca 1100 à moteur 5 CV et de la Renault 6.

La Simca 1100 5 CV essayée par *l'Auto-Journal*

Le 29 janvier 1970, Bernard Carat livre dans *l'Auto-Journal* le compte rendu de sa prise en mains d'une Simca 1100 5 CV. *« À part la finition et la réduction fiscale du moteur, cette Simca bénéficie des mêmes caractéristiques que les 1100 : en particulier, les pneus de 145 ont été conservés et l'alternateur n'a pas été supprimé.* [...] *L'assistance* [de freinage] *que l'on peut obtenir en supplément sur la 6 CV n'est pas proposée en option sur la 5 CV. »* Malgré l'appoint de 3 ch DIN supplémentaires et un couple amélioré à la faveur du nouveau millésime, *« les performances de la 5 CV Simca sont restées stables ce qui est assez décevant »*, 127 km/h en pointe avec le seul conducteur, 124,3 km/h avec quatre personnes à bord. *« Aux 400 mètres départ arrêté, nous avons 22 s 2/5 et aux 1 000 mètres, 42 s 2/5, ce qui peut être considéré comme des temps moyens, surtout par rapport à la 6 CV, qui parcourt maintenant le kilomètre départ arrêté en près de 4 s de moins. En reprise depuis 40 km/h en quatrième, nous avons relevé 23 s aux 400 mètres et 45 s 4/5 aux 1 000 mètres, ce qui est bien long et dénote une certaine absence de nervosité.* [...] *En usage normal, la Simca 5 CV peut difficilement passer pour une voiture brillante et le conducteur demeure toujours à fond d'accélération sans résultat.* [...] *On se demande vraiment pourquoi Simca n'a pas appliqué à cette voiture le même traitement qu'à la 1000 4 CV, c'est-à-dire une augmentation du taux de compression que le moteur peut parfaitement supporter et qui apporte toujours une spectaculaire progression en puissance. Ce statu quo est incompréhensible. »*

Et qu'en est-il de la consommation ? *« En poussant les choses à fond, c'est-à-dire à une moyenne de l'ordre de 100 km/h, la dépense s'est élevée à 10,6 km aux 100 km tandis qu'à 70 km/h de moyenne sur le circuit habituel, nous avons relevé 7,6 litres aux 100 km.* [...] *Ces chiffres ne peuvent être considérés comme spécialement économiques. »*

En matière de confort, l'habitabilité et l'arrière transformable constituent les véritables points forts de cette voiture. On ne saurait en dire autant de l'équipement : *« ce n'est pas l'extrême pauvreté, mais l'indigence n'est pas loin. »*

En somme, *« la Simca 1100 de 5 CV fiscaux se justifie avant tout par son prix d'achat raisonnable, surtout si on le compare à l'espace intérieur appréciable de la voiture.* [...] *Pour tous ceux qui roulent peu et que l'habitabilité intéresse, elle reste un modèle dont l'achat peut être envisagé sans crainte de déceptions. À une échelle différente, elle représente un peu ce qu'était naguère l'Ariane, qui fit longtemps les beaux jours de Simca. »*

Ci-dessus.
Le 8 avril 1970, *l'Auto-Journal* confronte la 1100 5 CV à la Renault 6 5 CV. *« Avec des performances naturellement moins élevées, cette version conserve l'habitabilité et les qualités que l'on retrouve sur la 6 CV. Cette 5 CV spacieuse, proposée à un prix raisonnable, l'emporte au terme d'une confrontation avec un modèle qui est dérivé d'une 4 CV [la Renault 4]. La Renault 6 s'incline très logiquement devant la Simca, plus étoffée. »*

Pour être tout à fait exact, ce modèle trouve aussi sa pleine justification avec le lancement, au Salon de Paris 1968, de la Renault 6 par le rival de Boulogne-Billancourt. En effet, cette voiture, qui tente de concilier la praticité, le confort et la silhouette de la Renault 16 à la rusticité et à l'économie d'emploi d'une Renault 4 joue exactement sur le même tableau. Comme elle, elle dispose d'une puissance de 5 CV fiscaux ; comme elle, elle profite d'un vaste habitacle au regard de l'encombrement, d'un hayon et d'une banquette rabattable permettant de transporter alternativement toute la famille ou des objets encombrants. Comme elle, elle ne peut prétendre qu'à des performances limitées et se contente d'un équipement réduit à l'essentiel. Comme elle enfin, elle est dotée d'une carrosserie qui suscite davantage de compliments pour sa praticité que pour son esthétique à mille lieues des canons de beauté dictés par les grands carrossiers turinois... À l'issue de la confrontation organisée par l'*Auto-Journal* publiée le 8 avril 1970, la 5 CV Simca, dérivée de sa grande sœur, surclasse la Renault 6, largement extrapolée de sa petite sœur la Renault 4, par 7,1/10 contre 6,7/10, grâce à une meilleure habitabilité, une climatisation supérieure et un équipement quand même plus complet. Sur le terrain des ventes cependant, la victoire revient sans conteste à la Régie, avec 77 748 Renault 6 5 CV écoulées en France en 1970, contre 8 157 Simca 1100 5 CV. Après les 20 539 exemplaires livrés en 1969 – première commerciale année pleine pour le véhicule –, l'essai n'a donc pas été transformé : le succès de l'Ariane ne se réédite pas pour lui.

obtenue par un allongement de la course à 70 mm, pour un alésage inchangé de 74 mm. Ainsi redéfini, le moteur reprend la même cylindrée que celui des Simca 1100 exportées vers l'Amérique du Nord ou du coupé 1200 S. Alimenté par une paire de carburateurs double corps, il propose 75 ch DIN à 6 000 t/min, contre 60 pour la version 6 CV et 85 sur le coupé 1200 S, et 10 mkg de couple à 3 600 t/min. Détails qui n'en sont pas pour les spécialistes, le fond du carter moteur est en aluminium et non plus en tôle tandis que le faisceau du radiateur est en cuivre, et non plus en acier. Sur la route, le gain est sensible : ainsi gréée, la 1100 file à 157 km/h chrono et atteint le kilomètre départ arrêté en seulement 35,7 secondes selon le constructeur ! Certains essais presse montrent, quelques mois plus tard, que certaines 1100 sont même capables de mieux encore approchant les 35 secondes au kilomètre départ arrêté et 160 km/h en pointe dans de bonnes conditions.[3]

3. L'essai de l'Auto-Journal *paru le 6 août 1970 fait état de 35,2 s au kilomètre départ arrêté et de 159 km/h en pointe.*

Ci-contre.
Les Anglais aussi ont droit à cette nouvelle version, mais elle prend là-bas l'appellation « 1204 Special » en référence à sa cylindrée. Celle-ci est rappelée dans le cartouche disposé devant le passager avant ; ailleurs, celui-ci porte la mention « Spécial ». Notons aussi que les versions à conduite à droite conservent toutes le combiné d'instrumentation des origines jusqu'en 1974 ; les 1204 Special ne font pas exception. Ce cliché montre en outre que les sièges spécifiques aux Spécial se transforment en couchettes ; un équipement très prisé au cours des années 1960 et 1970.

Cette cure de jouvence mécanique s'accompagne d'une amélioration générale de l'équipement très sensible. Pour freiner la cavalerie, un servofrein est monté en série. À l'extérieur, les 1100 Spécial se distinguent par des jantes de 5 pouces ajourées et des projecteurs longue portée à iode rectangulaires disposés dans la calandre, ainsi que par un cartouche recevant une inscription « Spécial » sur l'aile avant droite. Tous les chromes de la 1100 GLS sont par ailleurs conservés, mais la carrosserie n'existe jusqu'à l'été qu'en une seule teinte, un beau turquoise métallisé. À l'intérieur, la voiture reçoit un tableau de bord semblable à celui des GL et GLS, mais avec un compte-tours et une montre en série, un beau volant sport à bras métalliques d'esprit très latin, une console centrale comprenant un vide-poches, un essuie-glace à deux vitesses, un lave-glace électrique à commande au pied. Les sièges, pour leur part, sont uniformément noirs, dotés d'appuis-tête et d'un revêtement associant drap et vinyle ou d'un garnissage intégralement en vinyle et capitonné, dans le plus pur style américain. Les plus observateurs noteront aussi une évolution de la planchette cache-bagages derrière la banquette, rigide et montée sur glissières au lieu d'être souple comme sur les 1100 6 CV. Quant au prix, il s'avère tout à fait bien étudié pour être compétitif : la berline cinq portes coûte exactement le prix de la Peugeot 304, soit 11 930 francs, tandis que la berline trois portes, facturée 11 530 francs, ne coûte que 500 francs plus cher qu'une Peugeot 204 GL et 250 francs de plus qu'une Renault 12 TL. La transmis-

Des 1100 vitaminées avant l'heure

Les solides qualités routières et mécaniques de la Simca 1100 ont incité un certain nombre de préparateurs à envisager dès après son lancement des équipements à même de lui donner un coup de fouet. Il en va ainsi de la maison Autobleu, qui s'est fait un nom dans les années 1950 avec ses barquettes, coupés et cabriolets sur base de Renault 4 CV. Recentrée depuis la fin des années 1950 sur la préparation de véhicules à destination du grand public et des sportifs sous forme de kits mécaniques à monter soi-même, la 1100 ne manque pas d'attirer son attention. Cet équipement attirera moins celui des foules ; rares sont les voitures qui ont été dotées de cet ensemble et le court essai que nous reproduisons ici, passé dans l'*Action Automobile et Touristique* d'août septembre 1968, presque seul, témoigne encore de cet aménagement… Composé d'un carburateur Weber double corps 40 DCN, de tubulures d'admission et d'échappement, d'un filtre à air et d'un pot d'échappement permet pourtant de gagner 8 km/h en vitesse de pointe environ, 2,4 s aux 1 000 m départ arrêté (réalisé en 36,7 s) tout en améliorant quelque peu les reprises. L'acheteur pouvait également acquérir des bandes de carrosserie bleues pour faire reconnaître sa monture préparée dans la rue.

Ci-contre.
L'essai de la Simca 1100 Autobleu par l'*Action Automobile et Touristique*, paru en septembre 1968. Les témoignages de ces voitures sont rares ; la photo de presse utilisée pour illustrer les articles est d'ailleurs souvent la même. De toute manière, l'aménagement Autobleu concerne surtout la mécanique ; à l'extérieur, seul un stripping optionnel permet de l'identifier.

Ci-contre.
Gros plan sur la préparation commercialisée par la société Le Moteur Moderne. L'on aperçoit les deux carburateurs sous le grand filtre à air.

La société Le Moteur Moderne s'est également penchée sur le cas de la 1100. Son kit de préparation, commercialisé à partir du printemps 1969, comprend une tubulure d'admission en aluminium à monter en lieu et place du collecteur d'origine, deux carburateurs double corps inversés Zénith 32 NDIX positionnés côte à côte et d'un filtre à air commun venant se monter sur les deux carburateurs. Fait notable, le réchauffage des gaz par circulation est supprimé dans ce dispositif. Plutôt esthétique, ce montage procure un gain de 2,2 s aux 1 000 m (abattu en 37,2 s) et des reprises un peu améliorées, surtout à moyen et haut régimes, moyennant une consommation supérieure d'un demi-litre environ à celle d'une 1100 non équipée jusqu'à 80 km/h, puis sensiblement identique, voire un peu inférieure à des vitesses constantes plus élevées.

LA SIMCA 1100 AUTOBLEU

Les performances de base de la Simca 1100, dès les premiers essais qui en ont été faits, n'ont pas manqué d'étonner à tel point que très vite elle s'est imposée comme l'une des meilleures voitures de sa catégorie. Sans faire preuve d'originalité sur le plan technique puisqu'on peut la juger par certains aspects assez proche de l'Autobianchi Primula, elle a surtout surpris par la qualité exceptionnelle de sa tenue de route. Cela dit, et partant du principe que qui peut le plus peut le moins, on en était arrivé à souhaiter des prestations encore plus élevées dont les caractères de base de la voiture semblaient devoir s'accommoder sans trop de difficultés.

C'est ce que la société Autobleu vient d'entreprendre au moyen d'une transformation mécanique n'intéressant que le moteur. Cela se résume à un carburateur Weber double corps 40 DCN, une nouvelle tubulure d'admission, un collecteur d'échappement « croisé » avec sortie à 3 Y, un filtre à air et un pot d'échappement, ce dernier équipement ne figurant pas sur la voiture essayée à Montlhéry. Compte tenu des performances obtenues, on estime la puissance à environ 68 ch soit un peu plus de 10 ch de plus que le moteur de série. A noter que rien n'est touché à l'intérieur de la culasse, le rapport volumétrique de compression étant inchangé.

Cet équipement complet, vendu en « kit » avec les raccords, joints et différentes pièces nécessaires au montage, est livré au prix de 1 399,20 F TTC, le pot d'échappement Autobleu intervenant pour 210 F dans ce total.

Les performances

Nos mesures effectuées à Montlhéry ont donné les résultats suivants par temps couvert et frais (entre parenthèses les chiffres de la Simca 1100 de série) :

- **Vitesse maximale** : 150,387 km/h sur la piste, ce qui correspond en ligne droite à un peu plus de 153 km/h. Au compteur 152 km/h, le compte-tours indiquant 6 600 tr/mn (roues équipées de pneus Dunlop SP 145 X 13). Simca 1100 : 141,133 km/h.
- **Accélération** : départ arrêté :
  — les 400 mètres en 19,4 s (20,7 s) ;
  — les 1 000 mètres en 36,7 s (39,1 s) ;
  — de 0 à 100 km/h réels en 15,2 s (18,8 s).

  Valeur des reprises :
  — de 30 à 100 km/h en 4e : 23,9 s (22,6 s).
  — de 80 à 100 km/h en 3e : 4,8 s (5,3 s).
  — de 80 à 120 km/h en 4e : 16,0 s (15,3 s en utilisant 3e et 4e).
- **Boîte de vitesses** : le régime de rotation du moteur plus élevé permet d'obtenir 50 km/h (45) en 1re, 80 km/h (75) en 2e et 120 km/h (110) en 3e. Il s'agit de vitesses au compteur.
- **Circuit routier** (9,181 km) : le meilleur tour fut couvert à la moyenne de 107,106 km/h contre 103,488 km/h avec la voiture de série.

Nos impressions

Ce qui est intéressant, outre le gain de 8 km/h environ en vitesse de pointe et le bénéfice très sensible en accélération pure, c'est que ce résultat n'a pas été obtenu en sacrifiant la souplesse des reprises à partir des bas et moyens régimes. De même, le niveau sonore n'est que faiblement augmenté. En réalité, on a la sensation d'une Simca 1100 plus nerveuse qui conserve pratiquement toutes ses qualités de base.

Parmi ces qualités, c'est évidemment la tenue de route qui, lors de cet essai, a encore été mise particulièrement en évidence. Avec la voiture de série, nous avions dit que, sur ce même circuit, nous n'avions pratiquement pas pu déterminer les limites exactes. Avec la Simca 1100 Autobleu, bien que le rendement global soit nettement amélioré, l'impression est presque la même à ceci près que, dans certains cas, la limite est atteinte sans pourtant que des problèmes particuliers se posent et nuisent à la sensation de confiance que l'on garde en toutes circonstances. Le comportement routier est encore sousvireur, mais légèrement atténué, les freins, bien que devant faire face à un surcroît de travail, se sont révélés extrêmement sûrs en endurance comme en stabilité, avec cependant une légère tendance au blocage des roues AR.

Le confort s'accommode fort bien du surcroît de vitesse, seul le niveau sonore du moteur — déjà assez élevé sur le modèle de série — étant plus perceptible du fait de la limite de régime plus élevée qu'autorise la transformation (7 000 tr/mn).

Homogène dans sa présentation de série, la Simca 1100 Autobleu a su le rester tout en apportant une vivacité intéressante pour qui aime conduire vite une voiture de petit gabarit.

Ci-contre.
Tout en étant la clé de son succès, son compromis délicat entre luxe et sportivité est aussi ce qui fait l'objet du plus de critiques à l'égard des 1100 Spécial. Il est toutefois le fruit d'une longue réflexion. Les archives du constructeur révèlent en effet que le bureau d'études a travaillé également sur une « 1100 Rallye » à la présentation nettement moins bourgeoise. A l'instar des 1000 Rallye, ce prototype, photographié le 26 mars 1970, repose sur une finition LS dont l'équipement serré est maquillé, moyennant des jantes noires, une bande de caisse et des couleurs vives, en attribut de sportivité : le poids n'est-il pas l'ennemi ? Cette proposition est demeurée sans suite.

sion semi-automatique n'est pas proposée en option sur ce modèle à tendance sportive.
Tous ces éléments permettent aux publicitaires de lancer un peu narquoisement « *Vous êtes content, maintenant ?* » dans une publicité en double page parue dans les grands titres de la presse automobile française en juin 1970. À l'issue de son essai, publié le 6 août 1970 dans *l'Auto-Journal*, Bernard Carat répond : « *la Simca 1100 Spécial peut aisément être considérée comme la meilleure production de Poissy, tant par ses performances étonnantes que par son comportement routier, sa sécurité et sa consommation raisonnable. Elle peut seulement être jugée trop luxueuse pour les vrais sportifs et trop sportive pour les amateurs d'équipement et de belles finitions, mais, avec son prix compétitif, elle soutient facilement la comparaison avec les meilleures 1300 européennes. En étant exigeant, nous dirions que ses qualités sont telles qu'elles mériteraient une autre carrosserie, car celle de la 1100, en dépit de son côté pratique, n'a jamais été tellement appréciée de la clientèle.* »
C'était presque réussi ! En tout cas, les automobilistes répondent à l'appel : la Spécial rencontre un succès immédiat. Elle était bien ce qui manquait à la série 1100 pour convaincre définitivement le public de se tourner massivement vers elle.

Tarif français et catalogue des options à la rentrée 1969 (lancement de l'année-modèle 1970)

Modèle selon le libellé officiel du tarif	Tarif en France métropolitaine	Montant minimal du premier versement pour un achat à crédit	Options disponibles
Simca 1100 LS 2 portes 5 CV	8 665 francs	4 450 francs	1, 4, 5, 8
Simca 1100 LS 4 portes 5 CV	9 320 francs	4 750 francs	1, 4, 5, 8
Simca 1100 LS 2 portes 6 CV	9 095 francs	4 650 francs	1, 2, 3, 4, 8
Simca 1100 LS 4 portes 6 CV	9 745 francs	4 950 francs	1, 2, 3, 4, 8
Simca 1100 break 4 portes LS 6 CV	10 245 francs	5 200 francs	1, 2, 3, 4, 8
Simca 1100 GL 4 portes 6 CV	10 185 francs	5 200 francs	1, 2, 3, 4, 6, 7, 8
Simca 1100 GLS 2 portes GLS 6 CV	10 360 francs	5 300 francs	1, 2, 3, 7, 8
Simca 1100 GLS 4 portes GLS 6 CV	10 615 francs	5 400 francs	1, 2, 3, 7, 8
Simca 1100 break 4 portes GLS 6 CV	11 380 francs	5 800 francs	1, 2, 3, 7 , 8
Simca 1100 fourgonnette 6 CV	8 875 francs	4 550 francs	1, 2, 3, 8
Catalogue des options			
1. Transmission automatique	826 francs (765 francs sur fourgonnette)		
2. Pneus à carcasse radiale « grande vitesse »	64 francs (60 francs sur fourgonnette)		
3. Servofrein	178 francs (164 francs sur la fourgonnette)		
4. Garnissage Aéraflex	225 francs		
5. Pneumatiques à carcasse radiale	80 francs		
6. Montre et compte-tours (berline GL 4 portes)	150 francs		
7. Laque métallisée	90 francs		
8. Radio	300 francs (278 francs sur fourgonnette)		

Les modèles 1100 LS 2 portes 5 CV et LS 4 portes 5 CV peuvent être livrés en version « commerciale » exonérée, pour les sociétés, de la taxe annuelle sur les voitures de tourisme, moyennant un supplément de 115 francs.

1971-73 : TUTOYER LES ÉTOILES

Ci-dessus.
Le 1er juillet 1970, la Société anonyme des Automobiles Simca devient la Société anonyme Chrysler France. Par la même occasion, le nom historique Simca disparaît du fronton de l'usine de Poissy et les Chrysler 160-180 naissent au cœur de l'été pour matérialiser ce changement de raison sociale. Pour autant, les Simca demeurent des Simca, et les 1100 ne sont donc nullement affectées.

Le Salon de Paris d'octobre 1970 est de ceux qui ont dû déstabiliser plus d'un visiteur, non pas à cause du manège de nouveautés, mais parce que pour la première fois depuis longtemps, le chaland a beau chercher : il ne trouve pas de panonceau « Simca ». Le nez en l'air, c'est désormais Chrysler France qu'il doit repérer. Gravant ainsi dans le marbre sa mainmise sur le constructeur de Poissy dont il détient la très grande majorité des actions depuis 1962, il relègue l'appellation « Simca » au rang d'une « ligne de produits ». Sur les 160-180, lancées au cœur de l'été et qui prennent part à leur premier grand salon automobile, l'appellation « Simca » est d'ailleurs oubliée au dernier moment pour donner une plus grande portée à l'événement[1].

Simca devient Chrysler France... mais la 1100 reste Simca !

Les 1100, pour leur part, continuent imperturbablement leur carrière, et comme tous les ans, la rentrée et la grand-messe du Salon de Paris sont l'occasion d'apporter leur lot de retouches à la gamme. De l'extérieur, les 1100 millésime 1971 se reconnaissent immédiatement à la suppression du lettrage « SIMCA » sur la tranche du capot, remplacé par un petit cartouche noir placé près du projecteur avant côté conducteur. Celui-ci est accompagné par un autre petit cartouche mentionnant l'identité du modèle : rouge, disposé en dessous et mentionnant la finition pour les GLS et Spécial, noir, monté à côté et indiquant seulement « 1100 » pour les LS. Même traitement pour l'arrière, qui perd son lettrage « SIMCA 1100 » au profit de cartouches identiques montés à droite du hayon. Toutes les 1100 reçoivent désormais des gouttières chromées et des pneus à carcasse radiale, même les LS. Les GLS sont améliorées avec le montage d'un servofrein en série, comme les Spécial ; cet équipement reste en option sur les LS. Les GLS reçoivent en outre de nouveaux garnissages sièges, des moquettes et la planchette cache-paquet rigide des Spécial. Les sièges des LS sont simplifiés ; ils perdent leurs côtes verticales. Aux places arrière des GLS, le cendrier trouve sa place au bas du montant central. En contrepartie, cette finition perd son bas de caisse chromé et son cartouche chromé sur l'aile avant droite et la grille chromée sur les extracteurs de custode, remplacée par un simple jonc chromé similaire à celui des débuts, en 1967.
De plus, l'ensemble des 1100 reçoivent une planchette porte-paquets sous la planche de bord, à gauche du volant. Enfin, les Spécial peuvent désormais être livrées dans une palette de teintes plus large (Blanc Tacoma, Jaune Eifel, Rouge Foncé, Noir Onyx, Gris Arden métallisé, Beige Lorelei métallisé, Beige Gold métallisé, Bleu Estoril métallisé, Bleu Calanques métallisé) et reçoivent des appuis-tête plus souples.
Quelques ajustements sont aussi apportés aux mécaniques. Ainsi, le taux de compression des 1100 5 CV est relevé à 9,5 : 1, au bénéfice de la consommation ; selon

1. *Sur ce point voir METZ François,* Les Chrysler 160, 180, 2 litres et 1610 de mon père. *ETAI 2014.*

l'essai de l'*Auto-Journal* paru le 11 mars 1971, le gain est de l'ordre de 0,8 litre sur parcours mixte à 70 km/h. Sur les 1100 Spécial, le couple amélioré à bas régime au profit des reprises, qui constituaient une relative faiblesse des premiers modèles. La répartition du freinage entre les trains avant et arrière est aussi revue et corrigée.
La gamme est par ailleurs resserrée : les GL, qui ne se justifient plus étant donné la simplification de la présentation extérieure de la GLS, disparaissent, tandis que les GLS ne sont plus livrables en berline trois portes.

La 1100 Spécial face à la concurrence

Le 17 décembre 1970, l'*Auto-Journal* confronte la 1100 Spécial à la toute nouvelle 6 CV Citroën GS. Si ce duel entre une voiture conçue autour du confort et une autre misant sur le brio peut étonner de prime abord, il se justifie à double titre : d'abord, parce que ces voitures font l'actualité de l'année 1970, ensuite, parce que ces deux modèles, pourtant si différents, s'affichent au même tarif, à 30 francs près : 12 200 francs pour la 1100 Spécial, 12 170 francs pour la GS. « *Au terme du match arbitré par une commission technique, la Simca l'emporte de peu sur sa rivale* », par 7,3/10 contre 7,1/10. « *La 1100 S est une voiture très réussie, vivante, nerveuse, assez sobre, s'accrochant bien à la route et bien suspendue. Elle s'appuie sur les trois ans de mise au point de la 1100. Mais le constructeur aurait grand tort de ne pas s'attaquer avec acharnement aux faiblesses de la voiture, niveau sonore et commande des vitesses en particulier. Il ne suffit pas de*

Ci-dessus.
Une Simca 1100 Spécial millésime 1971. La nouvelle mouture se reconnaît immédiatement à la disparition du lettrage « SIMCA » occupant toute la tranche du capot, au profit de deux petits cartouches côté conducteur. Ces mêmes cartouches sont disposés à l'arrière, côté droit cette fois. Cet aménagement se retrouve sur les GLS. Autre élément distinctif : les 1100 Spécial sont désormais offerts en plusieurs coloris, et plus seulement en Turquoise métallisé. Nous avons ici affaire à une voiture Gris Arden métallisé destinée à l'Italie, en témoignent les projecteurs blancs et les rappels de clignotants sur les ailes avant.

Ci-contre.
La 1100 LS à deux portes poursuit sa route en 5 CV et 6 CV, aux côtés de la Spécial à deux portes. Alternative économique et pratique ou voiture de célibataire ou du couple dynamique, la vocation assignée à cette carrosserie est quelque peu incertaine, voire schizophrène. La voiture visible ici est destinée au marché anglais ; la LS n'existe là-bas qu'avec le 1 118 cm³.

Ci-dessous.
Cette année, la sellerie des LS est simplifiée ; ses côtes verticales laissent la place à un revêtement plat plutôt pauvret à l'œil. Par ailleurs, l'on aperçoit par ailleurs le tableau de bord à deux cadrans ronds seulement monté sur les LS depuis la rentrée 1970.

Ci-contre.
La présentation extérieure de la GLS est assez notablement simplifiée à compter de cette année. Lèvres de passages de roues chromées, cartouche « 1100 » sur l'aile avant droite, épaisse plaque de bas de caisse et enjoliveur large de custode disparaissent. Ces deux derniers éléments sont supplantés par des éléments décoratifs beaucoup plus discrets ; en revanche, les tours de jantes chromés perdurent, contrairement à ce que montre ce cliché – à moins que leur absence soit une caractéristique propre aux modèles anglais de ce millésime ? Avec cette simplification de la GLS, la 1100 GL, déjà discrète, perd complètement sa raison d'être et disparaît. Ce repositionnement s'explique certainement par l'arrivée récente de la Spécial.

Ci-dessus.
La fourgonnette demeure également au programme. Elle suit les évolutions des 1100 LS. Au Royaume-Uni, elle a reçu l'appellation Van.

les atténuer, il faut désormais les éliminer. Intelligente, très élaborée, la nouvelle 6 CV GS, vendue au même prix que la Simca 1100 S, souffre de deux handicaps accablants : performance et surtout nervosité insuffisantes, consommation élevée. Mais sa tenue de route hors du commun, sa suspension et son freinage remarquables, son niveau sonore limité pour un refroidissement par air représentent des atouts précieux. »

Les 1100 à l'assaut du Rallye du Maroc

Après leur participation en demi-teinte au rallye-marathon Londres-Sydney en 1968, les Simca 1100 se frottent une nouvelle fois à l'univers des rallyes de l'extrême en prenant le départ du Rallye du Maroc au printemps 1971.

Ci-dessous.
Rien moins que douze Simca 1100, dont une Spécial, sont engagées au départ du 14e Rallye du Maroc. Sur les 59 équipages au départ le 28 avril 1971, seuls 9 rallient l'arrivée le 5 mai suivant. La voiture 42 visible ici, une 1100 Spécial à trois portes, est celle de l'équipage italien De Simone-Chapi. Aucune des 1100 engagées ne termine l'épreuve, enlevée par le tandem Jean Deschaseaux-Jean Plassard sur Citroën SM Maserati.

Ci-contre à droite et à gauche.
À partir de 1971 et pour quelques années, les Spécial, qui constituent le meilleur atout de la gamme 1100 et même de Simca, éclipsent les autres déclinaisons dans la publicité. La campagne imaginée avec Young and Rubicam se place dans la continuité de celle diffusée depuis 1968, mais avec un nouveau slogan : *« personne ne peut en dire autant pour le même prix »*. Notez aussi l'apparition de la nouvelle raison sociale de la marque de Poissy : Simca est devenue Chrysler France le 1er juillet 1970. Désormais, Simca n'est plus que le nom d'une « ligne de produits ».

Tarif français et catalogue des options en octobre 1970 (début de l'année-modèle 1971)

Modèle selon le libellé officiel du tarif	Tarif en France métropolitaine	Montant minimal du premier versement pour un achat à crédit	Options disponibles
Simca 1100 LS 2 portes 5 CV	9 595 francs	4 900 francs	1, 2
Simca 1100 LS 4 portes 5 CV	9 995 francs	5 100 francs	1, 2
Simca 1100 LS 2 portes 6 CV	9 895 francs	5 050 francs	1, 2, 3, 4
Simca 1100 LS 4 portes 6 CV	10 295 francs	5 250 francs	1, 2, 3, 4
Simca 1100 LS break 4 portes 6 CV	10 995 francs	5 600 francs	1, 2, 4
Simca 1100 GLS 4 portes 6 CV	11 195 francs	5 700 francs	1, 2, 3, 5, 6, 7
Simca 1100 GLS break 4 portes 6 CV	11 895 francs	6 050 francs	1, 2, 5, 6, 7
Simca 1100 Spécial 2 portes 7 CV	11 770 francs	6 000 francs	1, 2, 5, 6, 7, 8
Simca 1100 Spécial 4 portes7 CV	12 170 francs	6 200 francs	1, 2, 5, 6, 7, 8
Simca 1100 fourgonnette 6 CV	9 695 francs	4 950 francs	1, 2

Catalogue des options	
1. Laque métallisée	95 francs (89 francs sur la fourgonnette)
2. Transmission automatique	893 francs (824 francs sur la fourgonnette)
3. Garnissage Aéraflex	232 francs (gratuit sur la berline GLS)
4. Servofrein	153 francs
5. Lunette arrière dégivrante	112 francs
6. Compte-tours	137 francs
7. Radio	425 francs
8.Garnissage Aéralon	gratuit

Les berlines 1100 sont livrables en version « commerciale » exonérée, pour les sociétés, de la taxe annuelle sur les voitures de tourisme, moyennant un supplément de 120 francs. Le tarif n'écarte pas explicitement de cette possibilité les versions Spécial.

Parmi ses autres concurrentes, la berline Peugeot 304 ne peut pas vraiment rivaliser avec la 1100 Spécial : moins performante – elle atteint tout juste 150 km/h –, moins pratique – elle n'a pas de cinquième porte, mais existe en break –, nantie d'une tenue de route qui n'a rien d'exceptionnel, moins économique – 7,9 l aux 100 km selon *l'Auto-Journal*, contre 7,4 pour la Simca –, elle est aussi un peu plus chère en s'affichant 12 180 francs, contre 11 930 francs à l'été 1970 pour la berline 1100 Spécial.

La berline Renault 12, plus grande, n'est pas non plus transformable – mais existe en break depuis le Salon 1970 – et s'avère comparativement peu performante – elle plafonne autour de 145 km/h –, possède une suspension assez peu élaborée avec un essieu arrière rigide qui ne favorise pas tellement la tenue de route, mais s'avère plus économe – 6,95 l aux 100 km, toujours selon l'*Auto-Journal.* Nettement moins chère à l'achat puisqu'elle coûte 11 230 francs en finition TL avec sièges couchettes, elle est aussi nettement moins bien équipée dans l'ensemble.

Les constructeurs, éternels rivaux, ne s'en laissent cependant pas compter et fourbissent déjà leurs armes. Dans deux ans à peine, tous disposeront d'une 7 CV performante et bien équipée. En attendant, Simca triomphe !

Ci-contre.
En Allemagne, la 1100 Spécial est vantée comme *« Comfort-Sprinter »*, une appellation transparente, quoique passablement intraduisible, renvoyant à l'idée de brio et de confort. Dans un premier temps, la société important les voitures de Poissy en RFA conserve l'appellation Deutsche Simca.

Ci-contre.
Au Royaume-Uni, la 1100 conserve son appellation 1204. Curieusement, le cartouche « 1204 » est monté à côté du cartouche « SIMCA » ; une disposition semblable à celle se rencontrant sur les LS.

Ci-contre.
Le 17 décembre 1970, l'*Auto-Journal* fait sa une avec ce qu'il présente comme le « match de l'année » : deux expressions de l'intelligence automobile s'affrontent, le choc du génie contre le pragmatisme. Pour l'heure, la partie tourne légèrement à l'avantage de la Simca. Pour autant, le journal prévient : *« Que l'on y prenne garde : lorsque, sans doute l'an prochain, la GS sera dotée d'un 7 CV, elle pourrait atteindre l'exceptionnel »*. Heureusement pour la marque de Poissy, Citroën tarde à sortir cette version d'une cylindrée supérieure qui, comme la Spécial pour la 1100, est celle qui va doper réellement sa carrière.

Ci-contre.
Le flot de bons mots de la presse constitue un solide argument de vente en faveur de la Simca 1100. Ils sont mis en exergue dans ce feuillet de la rentrée 1970 invitant les clients potentiels à essayer la nouvelle Spécial.

Automne 1971 : retendre ses arrières pour aller de l'avant

En cette année 1971, les hommes de Chrysler France ont toutes les raisons du monde d'être étreints de sentiments contradictoires. S'il est chaque jour plus évident que les vaisseaux amiraux 160 et 180, voulus et imposés par Chrysler Europe[2], ne rencontrent pas leur public, il est en revanche un modèle qui s'affirme de mois en mois comme un best-seller : la 1100, regardée avec tant de circonspection par les décideurs du groupe Chrysler. De 133 590 exemplaires montés en 1970 (et 8 424 voitures démontées – CKD), la production progresse à 186 617 unités montées (auxquels s'ajoutent 8 783 CKD). Mieux : loin d'entamer les ventes des 6 CV, l'arrivée des 7 CV Spécial a permis de gagner de nouvelles parts de marché. Que l'on en juge : la production des 6 CV est même en progrès, de 93 673 à 102 875 exemplaires montés (dont respective-

2. *Simca avait bien projeté de lancer une 9/10 CV, mais pas sous cette forme : les Chrysler 160 et 180 résultent ainsi de la fusion d'un projet français et d'un programme anglais. Voir sur ce point METZ François,* Les Chrysler 160, 180, 2 Litres et 1610 de mon père, *ETAI, 2014.*

Ci-contre.
De trois quarts avant, rien ne distingue les Simca 1100 Spécial du nouveau millésime de celles produites pour le millésime précédent. Sous cet angle, la nouveauté se cache sous le capot, avec une mécanique qui partage sa cylindrée avec la rageuse 1000 Rallye 2 !

ment 17 120 et 19 781 breaks), quand celle des Spécial bondit de 32 399 à 78 431 voitures.

Il faut se rendre à l'évidence : la 1100 Spécial est en train de devenir la locomotive dont la gamme avait tant besoin, tandis que la 1100 5 CV souffre très nettement de la concurrence des Renault 6 et des bicylindres Citroën ; bien que seulement 7 498 voitures aient été produites en 1970, la tendance n'est pas à l'embellie en 1971, puisque 5 311 unités à peine sont fabriquées. Pendant ce temps, la Régie fabrique 104 582 Renault 6 à mécanique 5 CV…

Forts de ces constats, les décideurs de Chrysler France déplacent le centre de gravité de la gamme en supprimant les berlines trois portes LS du catalogue : seules les berlines cinq portes 5 CV et 6 CV et le break 6 CV subsistent avec la finition de base.

Ci-dessous.
L'intérieur de la GLS millésime 1972 est déjà plus avenant. Les quatre cadrans ne sont toutefois qu'un faux-semblant, sauf à débourser 146 francs pour s'offrir un compte-tours, qui se loge alors à gauche : dans ce cas, le conducteur retrouve peu ou prou le poste de conduite de la Spécial. (catalogue France 1972)

Simca 1100 GLS.

Des freins à disque à l'avant assistés d'un servo-frein. La 1100 GLS s'est équipée pour les longues randonnées.

Les sièges avant s'inclinent à votre gré. La banquette arrière se rabat pour augmenter encore le volume du coffre. La GLS n'a rien négligé pour votre plaisir. Pas même la montre, ni l'allume-cigares.

La 1100 GLS est de la race des grandes routières. Elle est de la race des 1100. Et elle s'en montre digne.

Une fine baguette chromée qui parcourt la carrosserie. Des coloris gais. Jamais criards. La 1100 GLS est de ces voitures qui séduisent sans provoquer.

Traction avant à moteur transversal. Suspension à 4 roues indépendantes avec barres de torsion. Direction à crémaillère. La GLS est bien une 1100.

A l'avant, d'épais butoirs de caoutchouc. Les mêmes à l'arrière. On n'est jamais trop prudent. Un rétroviseur jour et nuit. Un lave-glace électrique au pied avec commande essuie-glace deux vitesses.

Poussez les intermédiaires. Vous voilà à 146 km/heure en 4ème. C'est si facile avec une boîte aux synchros licence Porsche.

La 1100 GLS est une cinq portes. Quatre portes qui découvrent un intérieur garni de drap (ou d'aéraflex) et de moquette. Plus une porte à l'arrière. Un arrière tout entier consacré aux bagages.

Ci-dessus.
Extérieurement, la grande nouveauté de l'année est constituée par une nouvelle porte arrière totalement redessinée. Tout en épousant les contours prévus pour la première mouture, ce nouvel élément bombé propose une vitre nettement agrandie, gage de meilleure visibilité.

Ci-dessous.
La berline trois portes n'est désormais plus livrable qu'avec la finition Spécial. Au Royaume-Uni, les 1204 délaissent leur appellation pour « 1100 S » à la faveur du changement de cylindrée. L'on remarquera qu'un cartouche rouge « SPÉCIAL » apparaît simultanément sous le cartouche « SIMCA », comme sur les modèles français.

Ci-dessus.
La couverture de l'*Action automobile et touristique* « Spécial Salon » d'octobre 1971 met la 1100 Spécial revue et corrigée à l'honneur. Presque paradoxalement – mais tel est l'effet recherché –, c'est sous cet angle que le changement de hayon modernise le plus la voiture en lui offrant un arrière à pente directe. Les habitudes ont changé : il n'est plus nécessaire d'esquisser un coffre séparé pour ne pas dérouter la clientèle !

Pour améliorer encore la Spécial et asseoir sa position face à une concurrence qui ne reste pas inactive, cette déclinaison est dotée d'un moteur dont la cylindrée est augmentée de 1 204 à 1 294 cm^3 par accroissement de l'alésage à 76,7 mm et alimenté par un carburateur double corps Weber 36 DCNF 15. L'objectif de la manœuvre n'est pas tant d'améliorer la puissance de la voiture, qui donne entière satisfaction – elle reste de 75 ch DIN –, mais d'obtenir un couple plus élevé à un régime plus modéré afin d'améliorer la souplesse, au

CHRYSLER UNITED KINGDOM LTD. SIMCA 1100 S (3 DOOR) R 66917

L'art de bien choisir parmi ses hayons

Si la 1100 Pierre Cardin n'a pas nécessairement marqué l'histoire du style, elle a en revanche attiré l'attention des décideurs de Simca, car elle semblait remédier de façon assez efficace et économique à la brisure de l'arrière, un trait esthétique souvent mis en exergue par le public. C'est donc en partant de cette voiture que les recherches sont menées en 1970 à Carrières-sous-Poissy, en interne, et à Cerizay, chez Heuliez, en conservant les mêmes principes : dessiner un ensemble donnant au profil une pente directe tout en conservant l'entourage de l'ouverture originelle de sorte à limiter les investissements et pourvu d'une lunette agrandie pour améliorer la rétrovision.

Ci-dessus. Ce cliché non daté montre une porte arrière qui ressemble fort à celle montée en série à compter de l'été 1971. Cette maquette franchit une étape supplémentaire dans la transformation de l'arrière, avec l'aménagement d'une petite troisième glace latérale sur l'épaisse custode. Une démarche inspirée par les 2 CV et Dyane Citroën ? Elle demeure sans suite.

Ci-contre. Cette photographie du 23 avril 1970 nous montre la proposition numéro 1, adaptée ici à une berline trois portes qui est elle-même un prototype, celui d'une version 1100 Rallye n'a jamais vu le jour.

Ci-dessous. Dans le même temps, l'on envisage aussi d'agrandir les feux et de mieux les intégrer à la carrosserie, comme nous le montre cette photo du 23 octobre 1970. Cette recherche reste lettre morte pour le moment. Notons enfin qu'aucune de ces différentes maquettes pour la redéfinition de l'arrière ne retient le rehaussement des pare-chocs proposé par Pierre Cardin.

Ci-contre. La proposition numéro 2 est le fait d'Heuliez. Les imposantes nervures sont originales, mais pas nécessairement très élégantes ou modernes. La réalisation de ce prototype ne brille pas par son soin infini.

Ci-contre. La proposition numéro 3 constitue une forme de synthèse des deux précédentes, en mêlant les formes douces de la première aux nervures de la seconde. Cette photographie comparative prise le 10 juin 1970 montre l'ampleur de la transformation, mais cette solution ne semble pas avoir donné satisfaction : elle n'est pas retenue pour la série.

Tarif français et catalogue des options en octobre 1971 (début d'année-modèle 1972)

Modèle selon le libellé officiel du tarif	Tarif en France métropolitaine	Montant minimal du premier versement pour un achat à crédit	Options disponibles
Simca 1100 LS 4 portes 5 CV	10 795 francs	4 450 francs	1, 3
Simca 1100 LS 4 portes 6 CV	10 995 francs	4 500 francs	1, 2, 3, 5
Simca 1100 LS break 4 portes 6 CV	11 195 francs	4 900 francs	1, 2, 3, 5
Simca 1100 GLS 4 portes 6 CV	12 195 francs	5 000 francs	1, 2, 3, 4, 6, 7, 8
Simca 1100 GLS break 4 portes 6 CV	12 995 francs	5 300 francs	1, 2, 6, 7, 8
Simca 1100 Spécial 2 portes 7 CV	12 995 francs	5 300 francs	1, 2, 6, 8
Simca 1100 Spécial 4 portes 7 CV	13 395 francs	5 450 francs	1, 2, 6, 8
Simca 1100 fourgonnette 6 CV	10 594 francs	4 350 francs	1, 2
Catalogue des options			
1. Laque métallisée	103 francs (96 francs sur la fourgonnette)		
2. Transmission automatique	958 francs (883 francs sur la fourgonnette)		
3. Garnissage Aéraflex	247 francs (gratuit sur la berline GLS 4 portes)		
4. Garnissage Aéralon	gratuit		
5. Servofrein	165 francs		
6. Lunette arrière dégivrante	119 francs		
7. Compte-tours	146 francs		
8. Radio	455 francs		

Les berlines 1100 sont livrables en version « commerciale » exonérée, pour les sociétés, de la taxe annuelle sur les voitures de tourisme, moyennant un supplément de 90 francs. Le tarif n'exclut pas les Spécial de cette possibilité.

profit de la nervosité en reprises et de la consommation ; de 10 mkg à 3 600 t/min, il est porté à 10,5 mkg à 3 000 t/min.

Après quatre millésimes d'existence, il est également temps de donner un petit coup de jeune à la carrosserie. Toujours pour plaire au plus grand nombre alors que la concurrence s'intensifie, Chrysler France se résout à redessiner la porte du hayon. La cassure décriée par certains s'efface au profit d'une porte à pente directe. L'on saisit aussi l'occasion pour agrandir la lunette arrière. Le nouvel élément change l'aspect de la voiture vue de trois quarts. À l'évidence, il s'inspire de la 1100 Cardin présentée en octobre 1969.

À l'intérieur, toutes les 1100 évoluent également de façon limitée, mais bien visible, en adoptant un nouveau volant tulipé à trois branches larges et pleines ; celui-ci s'orne de faux bois dans la Spécial. Autres évolutions, dictées par le législateur français, celles-ci : l'adoption de pneumatiques dotés d'un témoin d'usure et d'un rétroviseur extérieur, chromé sur les Spécial, mat sur les autres versions. Sur le plan technique, les blocs moteurs sont standardisés, la boîte de vitesses est renforcée.

Ci-contre et ci-dessous.
Le break 1100 à cinq portes poursuit sa carrière sans soubresaut et avec un certain succès. Il n'est guère concerné par les changements opérés cette année, sinon le changement de volant. Ici, un break GLS, dont la finition reprend celle de la berline correspondante. Parmi les 102 875 Simca 1100 6 CV produites au cours de l'année civile 1971, 19 781 sont des breaks pour 83 094 berlines.

1972 : Au firmament du marché français !

Les tendances, qui se sont ébauchées en 1971, se confirment en 1972 : avec l'avènement de la Spécial, la 1100, repositionnée au cœur du marché, acquiert enfin une place sur le marché digne de ses qualités intrinsèques. L'année 1972 s'achève en apothéose : pour la première – et unique – fois, la Simca 1100 détrône ses éternelles rivales, en s'arrogeant la pre-

Ci-contre.
Avec son très vaste compartiment arrière pour une 6 CV, sa très large ouverture et sa surface de chargement presque plane, le succès du break 1100 s'explique aisément. Son homologue Peugeot 204, par ailleurs livrable avec un moteur Diesel, lui livre cependant une concurrence redoutable.

Ci-dessous.
Le ton des pubs change, mais le monopole des 1100 Spécial demeure. Plutôt que de soutenir les 5 CV qui souffrent trop de la concurrence ou les 6 CV qui se vendent honnêtement, Chrysler France prend le parti d'axer au maximum ses campagnes de publicité sur les 1100 Spécial, factrices d'image positive de brio et de bel équipement et génératrices de marges financières plus intéressantes.

Ci-contre.
Le prix AFPA de la Sécurité 1971 récompense la Simca 1100 au Salon de Paris d'octobre 1971. Les services commerciaux de Chrysler France ne manquent pas d'exploiter cette distinction, qui revêt une certaine valeur à l'heure où la sécurité routière s'affirme de plus en plus au cœur des préoccupations.

	Simca 1100 Spécial	Citroën GS 1220 Club	Renault 12 TS	Peugeot 304 S
Prix clés en mains, 1er décembre 1972	14 967 francs	14 990 francs	15 564 francs	16 050 francs
Mécanique, cylindrée en mn (alésage x course)	4 cylindres en ligne refroidi par eau, 1 118 cm^3 (73 x 77)	4 cylindres boxer refroidi par air, 1 222 cm^3 (77 x 65,6)	4 cylindres en ligne refroidi par eau, 1 289 cm^3 (73 x 77)	4 cylindres en ligne refroidi par eau, 1 288 cm^3 (76 x 71)
Puissance maximale (ch DIN à t/min)	60 à 5 600	60 à 5 750	60 à 5 500	74,5 à 6 000
Couple maximal (mkg DIN à t/min)	10 à 3 400	8,9 à 3 250	9,8 à 3 500	10,3 à 4 500
1 000 m départ arrêté	35,4 s	37,6 s	37,4 s	37,4 s
1 000 m lancé à 40 km/h en 4e	39,0 s	39,4 s	39 s	42,6 s
Cotes (L x l x h en cm)	394 x 159 x 146	412 x 160 x 135	434 x 162 x 144	414 x 157 x 141
Poids	930 kg	900 kg	900 kg	930 kg

Ci-dessus.
Les Italiens ont droit à une campagne publicitaire spécifique. *« Rugir avec discrétion »*, un slogan évocateur au pays des Alfa-Romeo et autres voitures au tempérament chaud. Le format de plaque italien change assez notablement l'aspect de l'arrière. (publicité de mai 1972)

Ci-dessus et ci-dessous.
En 1972, la Simca 1100 se frotte au Rallye Monte-Carlo. Conduite par Bernard Fiorentino secondé par Maurice Gelin, la voiture, une Spécial à la mécanique strictement conforme à la série, enlève la victoire au classement toutes catégories jusqu'à 1 300 cm^3 et la troisième place du Groupe 1 des voitures de tourisme de série. L'épreuve est remportée par l'équipage italien Munari-Mannuci sur Lancia Fulvia 1.6 Coupé HF et la 1100 Spécial pointe à la seizième place du général sur 24 arrivants ; 270 concurrents étaient au départ.

mière place du marché français. Ce sont en effet 129 801 unités qui sont vendues sur l'ensemble de l'année civile (dont 3 384 à moteur 5 CV), contre 127 012 Renault 12 (7 CV), 108 365 Peugeot 204 (5 CV Diesel et 6 CV), reine du marché depuis 1969. La quatrième place échoit à la Citroën GS (6 et 7 CV), avec 104 456 unités.

Que de chemin parcouru depuis deux ans… La 1100, c'est un peu la Cendrillon de Chrysler France, ex-Simca. Les autres constructeurs n'ont pas pour autant laissé leur carrosse être relégué au rang de vulgaire citrouille. Imitant la recette concoctée à Poissy, les trois principaux rivaux français ont lancé tour à tour la Peugeot 304 S, la Renault 12 TS et la Citroën GS 1220, trois honnêtes versions plus dynamiques de familiales nées fort paisibles. C'est ainsi que pour la première fois, les quatre grands constructeurs tricolores proposent des modèles très comparables, directement rivaux. Laquelle choisir ? La discrète 12 ou la bourgeoise 304 ? La pratique 1100 ou la sophistiquée GS ? Le 15 décembre 1972, *l'Auto-Journal* tente de les départager sur des bases objectives, en les confrontant tour à tour sur des critères de sécurité, de performances, d'agrément et de budget. La GS 1220 l'emporte avec une relative facilité sur la 1100 Spécial, qui elle-même devance d'une courte tête ses deux autres rivales. En résumé, le journal juge la GS 1220 la plus confortable et silencieuse, la 12 TS la plus sobre et spacieuse, la 304 S la plus soignée et la plus en progrès par rapport à la voiture dont elle dérive, mais la 1100 Spécial, la plus vive et la plus pratique.

Dans ce contexte commercial, serein comme il ne l'a peut-être pas été depuis une décennie à Poissy, les 1100 évoluent tout en douceur à l'automne 1972. Elles reçoivent une série d'améliorations techniques comme chaque modèle en reçoit tous les ans, avec la mise en œuvre de nouveaux réglages mécaniques permettant de réduire les rejets du moteur – la pollution commence d'être une autre préoccupation dans l'air du temps – tandis que le démarreur et le convertisseur de couple évoluent. Quelques retouches sont aussi apportées à l'équipement : feu de recul central monté sous les pare-chocs et nouvel avertisseur sonore sur les 1100 Spécial, éclairage de coffre sur les GLS et Spécial, garnissage de la partie postérieure de la banquette arrière, montage d'accoudoirs sur les portes avant et de butoirs de pare-chocs sur les LS pour tenter de relancer leur carrière. Sur toutes les versions enfin, le rétroviseur intérieur est élargi.

L'on pourrait craindre que Chrysler France se fût endormi sur ses lauriers, mais le constructeur réserve en fait bien d'autres évolutions à sa gamme pour la suite du millésime.

Décembre 1972 : VF2, la Simca 1100 avec une hotte

Peu avant les fêtes, Chrysler France lance une nouvelle déclinaison utilitaire de sa 1100. La Fourgonnette des débuts, qui connaît un relatif succès auprès de ceux

Ci-contre.
Cette année, les différentes finitions de la gamme ont droit à leur feuillet propre sur les marchés français et belge. La présentation de la 1100 LS est améliorée cette année par l'appoint de bananes de pare-chocs et quelques détails d'aménagement intérieur. L'époque est désormais aux teintes flashy ; ce Bleu-Vert Émeraude ne dénote donc pas !

Ci-dessous.
La berline LS sur le stand du Salon de Paris d'octobre 1972. Un rétroviseur est apparu sur la portière conducteur : cet équipement est devenu obligatoire sur le marché français depuis le 1er juillet précédent.

qui n'ont pas besoin d'une bête de somme prompte à déménager des tonnes, mais d'un utilitaire compact, plutôt élégant et doté du confort d'une voiture particulière, est flanquée d'une version rehaussée appelée VF2, pour « véhicule fourgonnette, deuxième version ». Chrysler France ne peut opposer de version Diesel à l'utilitaire 204 de Sochaux ; le constructeur fourbit donc d'autres atouts. Avec cette version, il répond à ceux qui ont besoin de plus de hauteur de chargement, comme l'offre la Renault 4 fourgonnette, tout en étant un peu plus grande et puissante que cette dernière. Avec 1,28 m de hauteur utile, 1,44 m de largeur maximale et 1,57 m de longueur, cette voiture gagne en capacité ce qu'elle perd en élégance : rien moins de 2,65 m^3 sont à disposition ! La charge utile de cette version est semblable à celle de la Fourgonnette – appelée désormais VF1 – c'est-à-dire de 500 kg. La mécanique est également issue de l'aînée ; il s'agit du 1 118 cm^3, 6 CV des LS, mais doté d'un carburateur Solex 32 BISA 4 et de réglages autorisant l'emploi d'essence ordinaire en contrepartie d'une puissance limitée à 54 ch DIN. Pour faire bonne mesure avec les possibilités de chargement, la voiture est équipée d'un deuxième rétroviseur à droite – obligatoire sur toutes les voitures particulières pour qui veut pouvoir charger en masquant la lunette arrière – de roues renforcées et d'un couple conique issue des 5 CV, mais pas de l'assistance de freinage, qui est livré seulement en option. Toujours en option, l'acheteur peut également faire doter sa VF2 de vitres latérales, d'une grille de séparation entre habitacle et soute, d'une galerie de toit ou encore d'enjoliveurs de roues. L'automatisme constitue un autre atout, très original celui-là pour ce type de véhicule Trois teintes sont proposées au lancement : Vert Émeraude, Blanc Tacoma, Beige Anthéor.

Été 1973 : place au Tourisme International

Grisés sans doute par le succès des 1000 Rallye 2, déclinaison sportive de la petite berline à justifiant à

Ci-contre.
Les 1100 LS ont rarement fait l'objet d'un quelconque effort publicitaire. Craignait-on que cette voiture intelligente ne ruine la carrière des versions non sportives de la 1000, dont les positions sont de plus en plus anecdotiques en France ? Le lancement tonitruant de la Renault 5 en janvier 1972 a un peu changé la donne et pour une fois, la 1100 LS est mise en avant aux côtés de sa petite sœur à propulsion comme une offre valable contre ces pimpantes nouvelles venues au Losange sur ce document à destination des vendeurs. Malgré les efforts d'imagination déployés, l'histoire retient que « Superchère » écrase les débats : dès 1972, la 76 217 Renault 5 sont immatriculées sur le marché français, contre seulement 7 486 Simca 1000 5 CV et 6 200 Simca 1100 5 CV…

Ci-contre.
Le succès aidant, les services commerciaux gagnent en confiance. Le millésime 1973 est marqué par une nouvelle campagne publicitaire qui va rester dans les esprits : Descartes est mis à contribution pour vanter les qualités de la 1100. (octobre 1972)

Ci-contre.
Les constructeurs ont compris depuis longtemps à quel point il est important de s'adresser aussi aux enfants. En effet, ceux-ci orientent les choix de leurs parents, mais sont aussi et surtout les acheteurs de demain. Le catalogue du marché français pour l'année-modèle 1973 illustre à quel point l'automobile fait encore vibrer la corde sensible des plus jeunes. Cette planche fait écho à la publicité télévisée montrant une bande de gamins convoitant tour à tour les modèles de Poissy, admiratifs devant leur copain dont le papa est concessionnaire Chrysler France !

elle seule la poursuite de la carrière de la petite berline tout-à-l'arrière, du moins en France[3], tant elle fait pour l'image dynamique de la marque ; conscients peut-être aussi qu'il fallait redonner un coup d'avance à son best-seller sur les rivales de plus en plus nombreuses, les hommes de Poissy lancent à l'été 1973 une Simca 1100 TI. Point d'injection toutefois comme sur les Alfa Romeo répondant au même vocable : ici, TI évoque plutôt le « Tourisme International ».

Avec cette voiture, la logique de la 1100 Spécial est poussée encore un peu plus loin. La mécanique conserve la cylindrée de 1 294 cm³ déjà mise au service de la 1100 Spécial et de modèles aussi différents que la Matra-Simca Bagheera et la Simca 1000 Rallye 2. Grâce à l'appoint de deux carburateurs double corps Weber 36 DCNF, la puissance maximale progresse de 75 à 82 ch DIN de la Spécial à la TI. Les performances suivent la même courbe : le constructeur donne la TI pour 165 km/h en pointe et 34,5 s au kilomètre départ arrêté. Par rapport à la Bagheera, à l'égard de laquelle les attentes en matière de polyvalence sont évidemment moindres, la puissance du moteur est de 2 ch DIN inférieure, mais le couple maximal un peu plus élevé à un régime plus favorable (11 mkg à 4 000 t/min contre 10,8 à 4 400) pour plus de souplesse à l'usage.
Techniquement, l'augmentation des possibilités du moteur va de pair avec un durcissement de la suspension, l'accroissement du diamètre des arbres de roues, le montage des disques avant de la 1000 Rallye 2 dotés d'étriers autorisant

3. Elle conserve par ailleurs un succès considérable en Italie, où elle demeure année après année la voiture étrangère la plus distribuée. Elle y satisfait les nostalgiques de la Fiat 850 et du moteur arrière. Les petites NSU allemandes, également dotées d'une architecture tout-à-l'arrière, y bénéficient des mêmes faveurs.

Le tableau de bord de la 1100 LS
1 - Commande d'éclairage des feux et du tableau de bord. - 2 - Indicateur de vitesse.
3 - Jauge à essence avec témoin lumineux de réserve minimum, thermomètre d'eau, témoins de charge et d'huile. - 4 - Commande d'essuie-glace. - 5 - Témoin des feux de route.
6 - Témoin de l'indicateur de direction. - 7 - Témoin des feux de position.

Le tableau de bord de la 1100 GLS
1 - Commande d'éclairage des feux et du tableau de bord.
2 - Emplacement du compte-tours (option). - 3 - Indicateur de vitesse avec totalisateur journalier. - 4 - Jauge à essence avec témoin lumineux de réserve minimum, thermomètre d'eau, témoins de charge et d'huile. - 5 - Montre électrique. - 6 - Commande essuie-glace.
7 - Témoin des feux de route. - 8 - Remise à zéro du totalisateur journalier.
9 - Témoin de l'indicateur de direction. - 10 - Témoin des feux de position.

Le tableau de bord de la 1100 Spécial
1 - Commande d'éclairage des feux et du tableau de bord.
2 - Compte-tours. - 3 - Indicateur de vitesse avec totalisateur journalier.
4 - Jauge à essence avec témoin lumineux de réserve minimum, thermomètre d'eau, témoins de charge et d'huile. - 5 - Montre électrique. - 6 - Commande d'essuie-glace.
7 - Témoin des feux de route. - 8 - Remise à zéro du totalisateur journalier.
9 - Témoin de l'indicateur de direction. - 10 - Témoin des feux de position.

Ci-contre.
Les feuillets 1973 permettent de présenter de façon légendée l'instrumentation et les commandes des LS, GLS et Spécial.

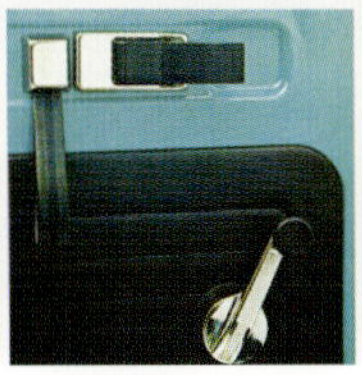

Ci-contre.
Les 1100 anglaises ont reçu le nouveau volant à la rentrée 1971, mais demeurent étonnamment fidèles au premier tableau de bord. Ici, le poste de commandes d'une LS. Le faux bois n'est pas davantage de mise sur le combiné des versions supérieures.

le montage de plaquettes offrant une surface de freinage plus importante ainsi que d'un double circuit de freinage. Pour améliorer encore la sécurité d'emploi, qui devient un enjeu et une préoccupation de plus en plus forts, l'équipement de série comprend aussi un pare-brise en verre feuilleté et teinté ainsi qu'une lunette arrière dégivrante.

Extérieurement, la carrosserie est immédiatement identifiable par une lèvre sous la jupe avant et un petit déflecteur au-dessus de la lunette arrière, des jantes en alliage léger, un logo « SIMCA TI » à l'avant comme à l'arrière, une calandre spécifique noire, juste surmontée et soulignée de deux baguettes brillantes ainsi que par une batterie de six phares à iode, dont deux à longue portée et deux antibrouillards. Les jantes en alliage léger apportent, outre leur aspect valorisant, un élargissement des voies de 2 mm à l'avant et de 8 mm à l'arrière, au profit de la stabilité.
À l'intérieur, le tableau de bord noir est dépouillé de tout luxe. Il arbore en revanche tous les instruments dont le conducteur sportif peut avoir besoin ; le tableau est complété par un volant sport spécifique. La sellerie est également nouvelle. Les sièges avant, dotés d'appuis-tête, sont surnommés « aile de mouette » par le Marketing à l'égard de leurs côtés plus enveloppants pour mieux maintenir le corps. La banquette reste

Ci-dessous.
La Fourgonnette constitue, depuis le lancement, un atout intéressant de la gamme 1100. Comme les autres déclinaisons, elle se trouve en confrontation directe avec la Peugeot 204 équivalente. Elle poursuit donc sa route, gagnant au passage des bananes de pare-chocs avant comme les LS.

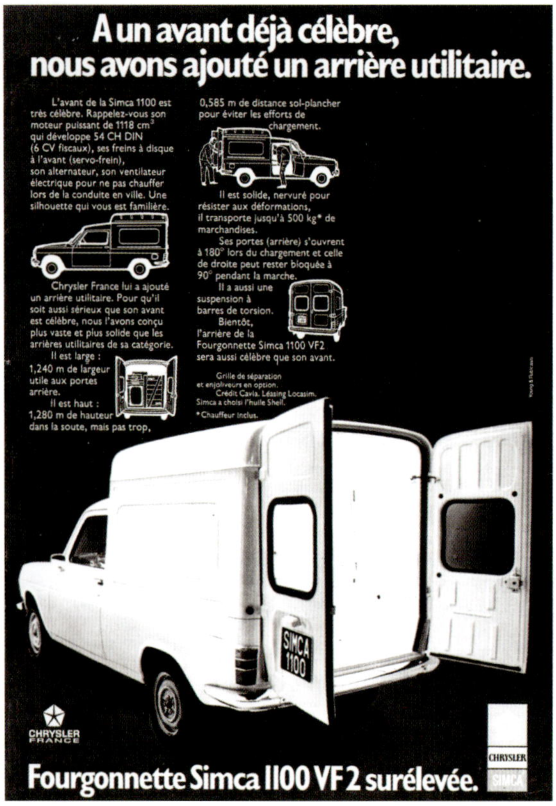

Ci-contre.
La nouvelle fourgonnette surélevée VF2 rejoint la gamme en décembre 1972. Preuve de l'importance de ce véhicule, celui-ci fait l'objet de publicités dans la presse – fait assez rare pour un fourgon. Indice du danger qu'il représente pour Peugeot, celui-ci baisse le tarif de sa fourgonnette 204 essence de 11 410 à 11 130 francs en janvier 1973.

Ci-dessous.
En Italie, la VF2 fait l'objet d'un original dépliant permettant de dévoiler l'intérieur du véhicule. Elle porte là-bas le petit nom de Canguro, « kangourou », en référence, bien sûr, à la poche du marsupial.

grâce au succès du Simca Racing Team, à deux victoires de Matra, associé du constructeur, en 1972 et 1973 et au brio de ses voitures de série. C'est dans ce contexte que l'*Auto-Journal* du 1er août 1973 fait paraître son essai intitulé « *Plus sportive, mais encore utilitaire* ». Il se conclut ainsi : « *La Simca TI ne semble pas avoir été pensée de longue date, mais a été plutôt construite autour d'un moteur relativement puissant qui lui assure des performances très valables.* » Bernard Carat et son équipe mesurent en effet une vitesse maximale de 163,8 km/h et 34,4 s aux 1 000 m départ arrêté, soit encore 1 s de mieux que la Spécial, confirmant ainsi les prétentions des publicitaires, tandis que les reprises restent peu ou prou identiques. « *La tenue de route reste bonne au prix d'un nouveau durcissement de la suspension et le bruit de fonctionnement demeure élevé. Un effort d'équipement a été fait parallèlement pour habiller cette carrosserie en voiture de rallye. Il ne s'agit pas vraiment d'un nouveau modèle mais plutôt d'une tentative de modernisation de la 1100. Les promoteurs ont hésité entre la sportive pure et la « grand tourisme », ce qui fait que les sièges sont encore un peu bâtards, d'apparence confortable, mais ne reculant pas assez et peu enveloppants. Le résultat d'ensemble par rapport à la Spécial est moins* évidemment confortable et rabattable ; la TI demeure une familiale pratique. En revanche, pas plus que sur la Spécial, la transmission semi-automatique n'est à l'ordre du jour : cet équipement paraît trop éloigné de l'image de brio que le constructeur entend conférer à ces versions.

Avec la 1100 TI, disponible uniquement sous forme de berline, mais à trois ou à cinq portes, Chrysler France en est convaincu : il propose à la fois « *la voiture dont vous avez envie* » et « *la voiture dont vous avez besoin* ». Cela ne durera pas, mais personne ne le sait encore…

Pour l'heure, la 1100 TI est parfaitement dans l'air du temps. L'image de Chrysler France est à son apogée, *convaincant que celui de la Rallye 2 par rapport aux autres 1000. Malgré l'équipement complet, le prix peut paraître assez élevé.* » Voilà de quoi envisager encore des jours sereins, alors que la millionième 1100 est déjà sortie des chaînes le 28 juin précédent !

Ci-contre.
Au même moment, elle fait également la une de l'Automobile. Le lancement de la TI est assurément perçu comme un moment important : est-elle celle qui va redonner un coup d'avance à la gamme 1100 ? La Guerre du Kippour va bouleverser tous les plans.

Ci-dessous.
Il aura fallu six ans à peine pour que la 1100 atteigne son millionième exemplaire, une berline Spécial tombée de chaîne le 28 juin 1973, preuve d'un succès évident ! L'événement est immortalisé en présence de Franklin M. Rogers, Président-Directeur Général de Chrysler France, Pierre Brunold, Directeur de l'établissement de Poissy et Pierre Charron, Directeur des Ventes et du Marketing.

Sunbeam 1250 : une cousine encombrante ?

Dès les années 1960, Chrysler, maître également de Barreiros Diesel (devenue Chrysler España) de l'autre côté des Pyrénées et du groupe Rootes (rebaptisé Chrysler United Kingdom) outre-Manche cherche à tirer profit de ces trois assises dans une logique de groupe. Dans cette optique, l'usine de Poissy est mise à contribution pour approvisionner la filiale hispanique en éléments détachés pour fabriquer en Espagne des 1000 et des 1100 – nous y reviendrons – et le réseau Simca mis à profit pour diffuser des modèles anglais rebaptisés Sunbeam. Si la première initiative a eu bien plus de succès que la seconde, les dirigeants de Chrysler Europe estiment néanmoins que l'équilibre pourrait être rétabli à la faveur de l'entrée du Royaume-Uni dans le Marché Commun, synonyme de suppression progressive des droits de douane. C'est ainsi qu'est lancée en France la gamme Hillman Avenger, dont le gabarit (4,10 m de long), la conception très classique et les cylindrées proposées (1250 et 1 500 cm³) la placent à la croisée des chemins entre Simca 1100 et 1301-1501. La berline 1250 TC, 7 CV, est vendue 13 350 francs prix catalogue en février 1974, soit un prix compris entre celui de la berline 1100 GLS (12 998 francs) et de la berline 1100 Spécial à cinq portes 14 298 francs). La 1250 de base est proposée encore 1 000 francs moins cher. La berline 1500 TC, affichée 14 150 francs, est vendue quasiment au même prix que la 1100 Spécial. 785 premiers clients sont séduits en 1972 dans l'Hexagone par cette gamme venue d'Angleterre ; 3 573 autres suivent en 1973. Le préjudice de cette cousine très éloignée n'est donc pas si grand pour la 1100. Le prix « canon » et la carrosserie tricorps, peut-être plus valorisante qu'une caisse semi-utilitaire, ne suffisent pas pour compenser une image à peu près inexistante, loin de celle acquise par les 1301-1501, et des qualités routières à mille lieues de celles de la 1100. Les difficultés consécutives au premier choc pétrolier vont mettre fin à tout effort publicitaire en leur faveur. Après 2 099 unités supplémentaires immatriculées en 1974, la diffusion s'écroule à quelques centaines d'exemplaires par an jusqu'à la fin de la décennie.

Ci-dessous.
Les Sunbeam 1250, 1250 TC et 1500 sont introduites sur le marché tricolore à la faveur de l'entrée du Royaume-Uni dans le Marché Commun. Après un départ encourageant, les ventes se tassent rapidement. Tout en restant d'honnêtes véhicules, leurs qualités intrinsèques les placent en effet loin des excellentes 6/7 CV françaises, Simca 1100 en tête. Il n'est pas certain non plus que les concessionnaires Chrysler France aient fait montre d'un enthousiasme débordant pour les vendre.

Tarif français et catalogue des options en septembre 1972 (lancement de l'année-modèle 1973)

Modèle selon le libellé officiel du tarif	Tarif en France métropolitaine	Montant minimal du premier versement pour un achat à crédit	Options disponibles
Simca 1100 LS 4 portes 5 CV	11 598 francs	4 500 francs	1, 4
Simca 1100 LS 4 portes 6 CV	11 798 francs	4 600 francs	1, 3, 4
Simca 1100 LS break 4 portes 6 CV	12 495 francs	4 850 francs	1, 2, 3, 4
Simca 1100 GLS 4 portes 6 CV	12 998 francs	5 050 francs	1, 2, 4, 6, 7, 8
Simca 1100 GLS break 4 portes 6 CV	13 695 francs	5 350 francs	1, 2, 6, 7, 8
Simca 1100 Spécial 2 portes 7 CV	13 798 francs	5 400 francs	1, 2, 5, 6, 8
Simca 1100 Spécial 4 portes 7 CV	14 298 francs	5 600 francs	1, 2, 5, 6, 8
Simca 1100 fourgonnette 6 CV	11 395 francs	4 450 francs	1, 2
Catalogue des options			
1. Laque métallisée	109 francs (101 francs sur la fourgonnette)		
2. Transmission automatique	1 017 francs (937 francs sur la fourgonnette)		
3. Servofrein	175 francs		
4. Garnissage Aéraflex	109 francs (gratuit sur la berline GLS)		
5. Garnissage Aéralon	gratuit		
6. Lunette arrière dégivrante	126 francs		
7. Compte-tours	155 francs		
8. Radio	483 francs		

La possibilité d'obtenir des versions « commerciales » des berlines 1100 ne figure plus au tarif.

1974-75 : LE TEMPS DES TURBULENCES

Avec l'arrivée des TI, la Simca 1100 semble, en cet automne 1973, dotée des meilleures armes pour continuer de croiser le fer avec la concurrence, de plus en plus envieuse et combative face à son triomphe sur le marché français. Il est d'autant plus crucial pour Chrysler France que ce succès dure, car c'est grâce à elle, et à elle seule, que la firme continue d'exister véritablement dans l'Hexagone.

En effet, la prépondérance des 1100 sur les chaînes – avec 259 040 unités sur 497 858 voitures fabriquées

Ci-contre.
La 1100 TI est le modèle qui doit combler les aspirations les plus contradictoires : *« la voiture dont vous avez envie, la voiture dont vous avez besoin »*. Un vaste programme qui en dit long sur les ambitions portées par cette nouvelle venue : rééditer le coup de la Spécial.

En haut.
L'année-modèle 1974 commence sous de bons auspices. La TI bénéficie encore de tout l'attrait de la nouveauté et a toutes les cartes en mains pour maintenir, voire redynamiser la carrière des 1100, en attendant une nouvelle 1300 qui ne doit arriver que courant 1975. Le catalogue met évidemment en exergue toutes les caractéristiques de cette gamme : déclinaison trois et cinq portes, équipement spécifique aux accents sportifs, paire de carburateurs double corps et servofrein monté en série, cartouche d'identification spécifique. La teinte étincelante visible ici est le Jaune Maya.

Ci-dessous.
Avec l'introduction de la TI, la Spécial devient en quelque sorte la série intermédiaire de la gamme. Le glissement depuis la GL des origines, qui occupait ce poste au lancement, est sensible et correspond tant à l'évolution des modes qu'à celle de l'image de Simca. De ce fait, la Spécial est désormais livrable en break, mais plus en version trois portes.

Ci-contre.
L'introduction du break Spécial est annoncée de façon originale par cette publicité. Les breaks luxueux étaient alors entrés dans les mœurs, depuis les Renault Manoir et autres Simca Marly. Les breaks à tendance sportive, en revanche, constituent encore une relative originalité, même si les 1501 S ont tracé la voie.

à Poissy en 1973, soit 52 % de sa production – est encore plus marquée sur le territoire tricolore, où les 1100 ne représentent rien moins que 69,6 % des ventes de produits *made in Poissy* ! Les positions des 1100 sur le marché français demeurent solides et les ventes stables, mais l'éclatante réussite de 1972 n'est pas tout à fait transformée en 1973, puisque la tête du hit parade des voitures particulières est perdue. Avec 125 489 berlines et breaks immatriculés, elles terminent l'année civile en troisième position, derrière la Renault 12 et la Citroën GS, immatriculées respectivement à 136 691 et 127 045 unités. En tenant compte des 27 641 VF1 et 2, les Pisciacaises conservent toutefois l'avantage sur les Citroën.

Pour tenter d'enfoncer le clou et de reconquérir la tête du marché hexagonal, la gamme 1100 continue d'évoluer substantiellement à l'amorce du nouveau millésime.

Salon de Paris 1973 : continuer sur la même lancée

Sur toutes les versions, l'insonorisation et la filtration des vibrations progressent grâce à diverses évolutions techniques, dont le renforcement des demi-arbres de transmission. Les badges identifiant la version disparaissent de la face avant, sauf sur les 1100 TI. Sur les GLS, le garnissage des sièges change pour adopter un tissu à damiers. L'acheteur d'une 1100 Spécial peut désormais opter pour des projecteurs principaux à iode, comme sur les 1100 TI. Enfin, le servofrein est maintenant monté en série sur les utilitaires. Ce n'est certes pas un luxe quand il s'agit de les ralentir pleinement chargés ! Ne manque plus à l'appel qu'un réglage de site des phares pour ne pas éblouir les automobilistes arrivant en sens inverse ; il est monté à compter de février 1974.
Par ailleurs, la gamme évolue vers le haut. La très (trop) discrète 1100 5 CV quitte la scène. La 1100 TI reprenant le statut de version sportive, la 1100 Spécial semble à présent instituée pour de bon comme le cœur de la gamme. À ce titre, elle est désormais disponible en une déclinaison break reprenant en tout point la mécanique et la finition des berlines correspondantes, à l'exception d'une monte pneumatique plus large de 155 SR 13 (au lieu de 145 x 13). En contrepartie, la berline trois portes Spécial tire sa révérence : seule la TI conserve cette silhouette, initialement pensée comme économique, désormais conçue comme sportive…

16-17 octobre 1973 : le moment où l'automobile entre dans une nouvelle ère

Après une visite au Salon de l'Auto, qui donc peut douter que l'année 1974 soit aussi bonne que la précédente

Ci-dessous.
Nous voyons ici un break GLS trôner sur le stand du Salon de Paris d'octobre 1973. Notons la disparition du cartouche identifiant la finition sur la face avant.

Ci-contre et ci-dessous. Dès février 1974 et sous la pression de la conjoncture, Chrysler France relance des versions 5 CV pourtant retirées du catalogue quelques mois plus tôt. Le renchérissement de l'essence et la crainte de la pénurie ont en effet semé un vent de panique auprès des consommateurs. Un coup dur pour le constructeur de Poissy, qui avait construit son succès sur des voitures brillantes. Les LE et GLE reprennent la présentation des LS et GLS 6 CV avec pour seule vocation l'économie, comme leur dénomination l'indique.

CHRYSLER FRANCE
RELATIONS PRESSE
DELEGATION GENERALE
136, Champs-Elysées
75008 Paris

SIMCA 1100 LE - 5 CV - 944 cm³

février 1974

CHRYSLER FRANCE
RELATIONS PRESSE
DELEGATION GENERALE
136, Champs-Elysées
75008 Paris

SIMCA 1100 GLE - 5 CV - 944 cm³

février 1974

pour Chrysler France et sa Simca 1100 ? C'est sans compter sur l'actualité internationale. Deux jours seulement après la fermeture de ses portes, les États de l'OPEP décident, les 16 et 17 octobre, de faire payer aux Américains et aux Européens le prix fort de leur soutien à Israël, qui a déclaré la guerre à ses voisins arabes le 6 octobre ; l'Histoire a retenu ce conflit comme la guerre du Kippour. Du jour au lendemain, ils restreignent ainsi les livraisons de pétrole à l'Occident, avec pour conséquence une envolée du prix du baril, de 3 à 18 dollars ! En parallèle sont généralisées pour la première fois des limitations de vitesse sur toutes les routes de France[1]. L'obligation de faire des économies d'essence constitue un terreau favorable à cette mesure assez impopulaire, qui paraît pourtant nécessaire aux yeux de la Prévention routière pour en finir de l'hécatombe sur les routes ; rien moins que 16 612 personnes ont en effet perdu la vie après un accident de la circulation dans l'Hexagone en 1972…

En l'espace de quelques mois seulement, le contexte du marché automobile a donc évolué du tout au tout. En 1973 encore, l'on ne jurait que par le sport automobile et la performance ; en 1974 déjà, *« la vitesse, c'est dépassé »*… Chrysler France, qui s'est forgé une santé et une image en misant tout sur le brio depuis la fin des années 1960, est encore plus touché que les autres grands constructeurs français par ce phénomène. Alors, les décideurs de Poissy prennent des mesures d'urgence. La première d'entre elles consiste à faire marche arrière, toute : les 1100 5 CV sont mortes ? Vivent les 1100 5 CV !

En février 1974, la LS 5 CV renaît avec l'appellation LE. Uniquement disponible en berline à cinq portes, la LE reprend la finition et l'équipement intérieurs de la LS en y associant une mécanique 944 cm³ adaptée à l'usage de l'essence ordinaire, la moins chère ; rançon de la recherche de la frugalité, elle délivre seulement 48 ch DIN. Vu cette puissance modeste, l'absence de servofrein en série ne constitue pas un manque majeur ; ce dispositif peut cependant s'acquérir moyennant supplément. Le constructeur crée aussi une berline cinq portes 5 CV GLE, dont l'équipement est repris de la GLS ; le servofrein est cette fois monté en série. Enfin, la série Spécial est flanquée d'une berline cinq portes ES ; de façon schématique, elle se définit comme une Spécial dotée d'un moteur et d'enjoliveurs de roues de GLS. Aucune de ces nouvelles déclinaisons ne peut recevoir la boîte semi-automatique : cet équipement de confort exige en effet un surcroît de carburant, ce qui va à l'encontre de leur esprit.

En parallèle, Chrysler France fait montre d'une réaction d'orgueil, en organisant l'Opération Vérité Consommation. Faute de pouvoir lancer de tout nouveaux modèles économiques en l'espace de quelques mois, le constructeur prend le taureau par les cornes et cherche à montrer que le slogan phare des an-

1. Des expérimentations à grande échelle avaient préalablement été conduites sur de grands axes depuis le début de la décennie.

CHRYSLER FRANCE
RELATIONS PRESSE
DELEGATION GENERALE
136, Champs-Elysées
75008 Paris

OPERATION VERITE-CONSOMMATION SIMCA CHRYSLER
ITINERAIRE DUNKERQUE-MARSEILLE
voiture au départ de Dunkerque

février 1974

Ci-contre et ci-dessous.
L'opération fait également l'objet d'un dossier de presse, auquel sont jointes ces deux photos de presse au départ et à l'arrivée de son périple.

nées 1950 « *un appétit d'oiseau* » est encore d'actualité, bien que l'hirondelle se soit envolée depuis longtemps des carrosseries Simca. Chaque jeudi à partir du 31 janvier et jusqu'au 7 mars 1974, le journaliste-essayeur Guy Michelet prend le volant d'un modèle différent de la gamme en compagnie d'un commissaire technique de la FFSA, en la personne de Robert Jafflin. L'aventure, menée en partenariat avec Shell, reçoit chaque semaine une large audience grâce à des « fils rouges » radiophoniques tout au long du parcours. La Simca 1100 TI ouvre le bal le 7 janvier et se sort de l'épreuve en consommant seulement 8,024 l aux

CHRYSLER FRANCE
RELATIONS PRESSE
DELEGATION GENERALE
136, Champs-Elysées
75008 Paris

OPERATION VERITE-CONSOMMATION SIMCA CHRYSLER
ITINERAIRE DUNKERQUE-MARSEILLE
voiture à l'arrivée à Marseille

février 1974

Ci-contre.
En Allemagne aussi, l'économie prend le dessus sur la performance dans les préoccupations des automobilistes. Et c'est ainsi que la GLS reçoit les honneurs de la publicité, chose qui ne lui était pas arrivée depuis bien longtemps ! (juin 1974)

100 km sur le parcours Dunkerque-Marseille, accompli à 106,99 km/h de moyenne dans le respect des limitations de vitesse en vigueur. Des photos de presse et des encarts publicitaires sont bien entendu adressés aux journaux et aux revues afin de donner encore plus de poids à cette opération qui ravive le temps de quelques semaines l'esprit du regretté Henri-Théodore Pigozzi !

Septembre 1974 : cure de jouvence, « *Bienvenue à bord !* »

Décidément, quand l'or noir est rare, l'auto est morose. Comme on pouvait le craindre, et malgré ses tentatives pour contrer la crise, Chrysler France est l'un des constructeurs les plus affectés par le premier choc pétrolier et les limitations de vitesse qui se généralisent. Qu'on en juge : entre 1973 et 1974, la baisse de la production de véhicules

montés à Poissy atteint 22,7 %, en passant de 497 858 à 384 844 unités, quand Citroën subit une baisse de production de 12,5 % (de 606 674 à 531 136 véhicules montés), Peugeot limite la casse à 9,1 % (de 655 690 à 596 163 véhicules montés) et Renault s'offre le luxe de progresser de 6,7 % (de 1 100 971 à 1 174 409 véhicules montés).
Au cœur du marché pourtant, la production des Simca 1100 a plutôt mieux résisté que celle de leurs concurrentes. En se réduisant de 231 399 à 218 707 berlines et breaks montés, la baisse se limite en effet à 5,5 %, quand les Citroën GS voient leur production s'effondrer de 30,5 %, de 216 304 à 150 490 véhicules montés. Les Peugeot 304 voient leur production s'écrouler de 43,2 %, de 169 302 à 96 161 berline et breaks montés. La Renault 12 est celle qui tire le mieux son épingle du jeu ; elle

Choix des modèles de tourisme sur le marché français et principales options en avril 1974 (après la restructuration de la gamme)

Modèle selon le libellé officiel du tarif	Tarif en France métropolitaine	Options disponibles
Simca 1100 LE 4 portes 5 CV	12 520 francs	
Simca 1100 LS 4 portes 6 CV	12 720 francs	
Simca 1100 GLE 4 portes 5 CV	13 800 francs	
Simca 1100 GLS 4 portes 6 CV	14 000 francs	1, 2, 3
Simca 1100 LS break 4 portes 6 CV	13 390 francs	
Simca 1100 GLS break 4 portes 6 CV	14 590 francs	1, 2, 3
Simca 1100 ES 4 portes 6 CV	14 890 francs	
Simca 1100 Spécial 4 portes 7 CV	15 390 francs	1, 3
Simca 1100 Spécial break 4 portes 7 CV	15 890 francs	1, 3
Simca 1100 TI 2 portes 7 CV	16 470 francs	
Simca 1100 TI 4 portes 7 CV	17 070 francs	
Catalogue des options (non exhaustif)		
1. Transmission automatique	1 087 francs	
2. Lunette arrière dégivrante	135 francs	
3. Compte-tours	166 francs	

Ci-dessus.
Au Salon de Paris d'octobre 1974, cette 1100 GLS voisine avec la confidentielle Sunbeam vendue dans les mêmes concessions qu'elle, mais aussi avec les nouvelles Volkswagen Golf. Promises à un bel avenir, ces dernières incarnent cette génération de voitures qui s'inspirent de la conception de la pionnière de Poissy. Remarquons l'évolution des enjoliveurs de jantes, dont les crevés agrandis font désormais tout le tour, sans interruption.

voit même sa production augmenter très légèrement, de 322 793 à 325 111 exemplaires montés (+0,7 %).
Assurément, la Simca 1100 profite de son rapport habitabilité-performances-consommation intéressant et de sa gamme riche de versions 5 et 6 CV vers lesquelles les clients tentés par une Spécial ou une TI 7 CV peuvent se rabattre quand la Citroën GS pâtit un peu de la réputation de gourmandise de ses débuts. Signe de l'importance toute particulière accordée à la consommation, la 2 CV, bien que dépassée par la concurrence sur bien des aspects, voit sa production bondir de 112 947 à 146 943 exemplaires montés, soit une croissance de 30,4 % ! La Renault 12 tire pleinement parti du puissant réseau de la Régie.
Plus que jamais, la Simca 1100 constitue donc l'atout maître de Chrysler France, malgré ses déjà sept ans d'âge. Pour maintenir l'intérêt du public, tout particulièrement en France où elle représente les deux tiers des ventes du constructeur, toutes les versions remises au goût du jour à l'intérieur comme à l'extérieur.
La carrosserie s'identifie immédiatement par de nouvelles poignées de porte plates, intégrées à la carrosserie. À l'arrière, les feux sont notablement agrandis ; la sécurité, cela doit désormais se voir. Ils comprennent un emplacement pour intégrer feux de recul et de brouillard le cas échéant[2], mais aussi des feux de détresse. Indépendamment de ces évolutions, les différentes versions conservent inchangés tous leurs attributs distinctifs en matière de finition extérieure. Le constructeur introduit aussi un tout nouveau tableau de bord, qui fait entrer de plain-pied l'habitacle des 1100 dans la modernité. Exit le faux bois et les petits compteurs ronds, héritage de la mode à la façon de 1970 :

Ci-contre.
Cette planche du catalogue 1975 résume les évolutions les plus notables des Simca 1100 pour ce nouveau millésime. Le panneau arrière est garni de feux redessinés et élargis, les poignées de portes sont intégrées à la carrosserie et le tableau de bord saute à pieds joints dans les années 1970. Le volant, resté celui des années précédentes, tranche un peu sur cet ensemble moderne. Sur la GLS, il perd son revêtement de faux bois sur les branches.

Ci-dessus.
Comme par le passé, le tableau de bord est évidemment plus ou moins complet en fonction des versions. Sur les Spécial et TI, l'instrumentation ne comprend rien moins que six cadrans.

avec quelque temps d'avance sur 1980, le nouvel ensemble fait la part belle au plastique thermoformé, qui s'affiche désormais sans complexes.

Sur les LS et GLS, la platine, placée sous une casquette très en relief, accueille deux grands cadrans ; l'un à gauche pour le tachymètre et le compteur kilométrique, l'autre à droite recevant thermomètre d'huile et jauge à essence. Sur la GLS, le cadran de gauche est complété par un totalisateur partiel, celui de droite par une petite montre ronde à aiguilles. Pour mémoire, la 1100 GLS continue par ailleurs de se distinguer intérieurement de la LS par des sièges plus flatteurs, mieux garnis, dotés de dossiers inclinables aux places avant et formant couchettes, la présence de moquettes, d'un allume-cigare, de cendriers à l'arrière, d'un second plafonnier, d'un rétroviseur jour et nuit et d'un miroir de courtoisie, d'une boîte à gants munie d'une serrure, d'un éclairage de coffre et d'une articulation de tablette cache-bagages.

Sur les Spécial, ES et TI, le tableau de bord est riche de rien moins que huit cadrans. Les deux plus grands, au centre, accueillent tachymètre et totalisateurs kilométriques général et partiel à gauche, compte-tours gradué jusqu'à 8 000 t/min avec zone rouge à droite ; ils sont bordés par deux paires de petits cadrans de part et d'autre, dévolus au contrôle de la pression d'huile, de la température de l'eau, de la quantité d'essence embarquée et de la charge de la batterie. La Spécial et la TI reprennent évidemment le reste de l'équipement général des GLS. En outre, sellerie et le volant continuent de

---

2. *LE et LS sont dépourvues de feux de recul.*

Ci-contre.
Sur le marché des utilitaires aussi, la concurrence fait rage. Citroën et Peugeot se contentent de fourgonnettes qui, comme la VF1, ne sont guère que des versions tôlées et dépouillées des breaks de série – Peugeot a néanmoins dans sa manche l'atout de la mécanique Diesel. En revanche, Renault concurrence directement les VF2 sur le marché des petites fourgonnettes surélevées avec les dérivés sur base de Renault 4 apparus dès la première moitié des années 1960. Au printemps 1975, la Régie lance les Renault 4 F6 allongées à mécanique 1 108 cm3 dotées de 400 à 440 kg de charge utiles selon qu'elles soient fourgonnette ou break. Avec le pick-up bâché annoncé en juin 1975, Chrysler France cherche donc à fourbir de nouveaux atouts face à cette rivale redoutable.

Ci-dessous.
Les 1100 VF1 et VF2 continuent leur route. Les VF2 peuvent recevoir un vitrage de la partie arrière en option. Fait original, les VF2 sont toujours disponibles avec le convertisseur de couple Ferodo-Verto, alors que cette possibilité n'est plus offerte sur les VF1. Sur l'année civile 1974, les 1100 utilitaires totalisent 8 113 ventes en France, contre 5 971 Peugeot 204 U4, dont 3 014 à mécanique Diesel.

Version tôlée.

Version glaces latérales.*

Ci-contre.
En décembre 1974, deux Simca 1100 TI sont engagées sur les pistes du très difficile Rallye du Bandama aux mains de Bernard Fiorentino et de Noël Dugué. Les deux voitures abandonnent, mais seuls six équipages sont à l'arrivée. La victoire est signée Makkinen et Liddon sur Peugeot 504. Des 1100 avaient déjà été engagées dans les deux éditions précédentes, sans jamais rallier l'arrivée. Précisons quand même qu'en 1972, aucun équipage n'avait pu rejoindre l'arrivée !

distinguer Spécial et TI ; il en va de même d'autres menus détails d'équipement, comme la présence d'un lecteur de cartes dans la TI à compter de ce millésime. Fait à noter, la roue de secours de la TI est désormais en tôle et non plus en alliage, ou comment faire des économies substantielles sur ce qui ne se voit pas en concession…
Des changements secondaires vont de pair avec ce réaménagement sur toutes les versions, comme le transfert de la commande d'essuie-glaces vers un commutateur monté sous le volant, alors qu'elle s'effectuait jusqu'alors par l'intermédiaire d'un interrupteur au tableau de bord, le montage de nouvelles ceintures de sécurité et de sièges avant reculant davantage.

Ci-contre.
La 1100 LX, c'est avant tout une carrosserie aux couleurs pétillantes rehaussée par une large bande de caisse ton sur ton. Dans le nuancier proposé, l'Orange Pendjhari est la teinte la plus emblématique. La voiture est d'emblée distribuée au Benelux, en Allemagne de l'Ouest et en Autriche, avec un seul objectif : rompre la morosité de la conjoncture. Ce programme est bien résumé par ce slogan sous forme de jeu de mots dans la langue de Goethe : « *c'est moins monotone en deux tons* » ! (publicité allemande)

Ci-contre.
En France, les campagnes de publicité sont construites sur le thème « *une mode facile à adopter* ».

Aussi, les 1100 illustrent à merveille le nouveau slogan de Chrysler France : « *Bienvenue à bord* ».
Quelques retouches sont également apportées sur le plan technique : la filtration des bruits mécaniques et le guidage du levier de vitesses ont fait l'objet d'attentions particulières cette année, tandis que la 1100 Spécial adopte des pneus 145 SR 13 en lieu et place des 145 HR 13 montés jusque-là.
Le temps est désormais moins au père de famille qui, de temps en temps, aime à faire un temps sur les nationales de nos belles provinces – d'ailleurs de plus en plus encombrées – qu'au « nouveau conducteur » soucieux de sécurité et d'économie, qui prend son temps. En conséquence, le constructeur maintient bien entendu les versions LE et ES lancées en début d'année 1974, sans

Ci-dessus.
Aux Pays-Bas, la campagne de publicité est particulièrement pétulante, misant sur des prospectus et encarts de presse illustrés de dessins aux tons orange. Elle s'articule sur le thème « *Mooie Elix* », « *Mignonne Elix* ». Au Benelux, la LX reçoit la mécanique 58 ch DIN et non pas le moteur à bas taux de compression monté pour la France.

Ci-dessus.
À l'intérieur, la LX mêle simplicité de l'instrumentation et détails conférant un air plus gai à l'ensemble, dont un garnissage à pois et le volant de la TI.

Simca 1100 LX : *« une mode facile à adopter »*

C'est autour de cette même mécanique qu'est élaborée une déclinaison LX, qui a vocation à mettre un peu de couleur dans la grisaille ambiante et rendre la frugalité plaisante. La LX, c'est avant tout une voiture gaie et confortable, sans prétention de performance. Avec elle, la carrosserie trois portes, d'abord synonyme d'économie avant de prendre un accent de sportivité, est remise sur le devant de la scène pour sa physionomie qui semble au goût du pour autant renoncer aux déclinaisons plus pêchues qui ont forgé son image. Il ne faudrait pas froisser tous ceux qui n'entendent pas changer de sitôt leurs habitudes ! En parallèle, en lieu et place de la berline 5 CV GLE qui n'a pas suscité le délire des foules, Chrysler France donne la possibilité aux clients de commander les LS et GLS avec le même moteur 6 CV à basse compression que les VF1 et VF2, à savoir la mécanique 1 118 cm^3 avec un carburateur simple corps Solex 32 BISA 4, un taux de compression limité à 8,2 : 1 et divers réglages lui permettant de s'accommoder d'essence ordinaire. Il crée ainsi une version pour ceux qui rechercheraient l'économie d'emploi sans pour autant subir le déclassement de rouler en 5 CV. Notons que cette nouvelle option est incompatible avec le montage de la transmission semi-automatique.

Ci-contre.
Bien évidemment, la LX conserve le côté pratique des autres 1100. Cette version incarne une approche alternative aux 1100 5 CV qui ne trouvent pas vraiment leur place sur le marché. Elle remet également la carrosserie trois portes à l'honneur.

MATCH BILLANCOURT-POISSY

RENAULT 6 TL CONTRE SIMCA 1100 LX

En lançant sa LX, Simca introduit un élément nouveau sur le marché très disputé de la 6 CV. Comme la Renault 6, c'est une traction avant semi-utilitaire. Les deux modèles visent la même clientèle avec des techniques voisines et des présentations très différentes. Laquelle l'emportera au terme de ce match instructif et sans pitié ?

Ci-dessus.
Le lancement de la LX a eu l'effet escompté par son constructeur en relançant l'intérêt de la presse pour la gamme 1100 à l'heure où le marché automobile se renouvelle très rapidement ; la Renault 5, la Peugeot 104, la VW Golf ou encore la VW Passat illustrent cette tendance. L'*Auto-Journal* accorde ainsi deux articles à cette déclinaison, avec un essai le 15 décembre 1974, puis un comparatif à la Renault 6 le 15 février suivant. La voiture essayée est peinte en Jaune Maya.

A droite et ci-dessous.
À l'automne 1974, la campagne publicitaire met naturellement l'accent sur les évolutions apportées pour le nouveau millésime. La campagne nationale insiste sur les changements intérieurs, qui illustrent à merveille le nouveau slogan « *Bienvenue à bord* ». La campagne passée par le réseau de distribution de l'Ouest de la France cherche, pour sa part, à montrer que les changements sont finalement plus importants qu'il y paraît.

jour. Une calandre noire, des jantes de 1100 Spécial complétées par des chapeaux de roues noirs à liseré chromé, une discrète baguette de bas de caisse, une calandre noire bordée par une double barrette brillante en haut et en bas, des teintes « tendance » – Orange Pendjhari, Jaune Maya ou Brun Inca – devenues aujourd'hui terriblement « vintage » et des bandes latérales ton sur ton, ainsi est habillée

3. *Essai de* l'Auto-Journal *sur parcours mixte à 70 km/h, édition du 15 décembre 1974.*

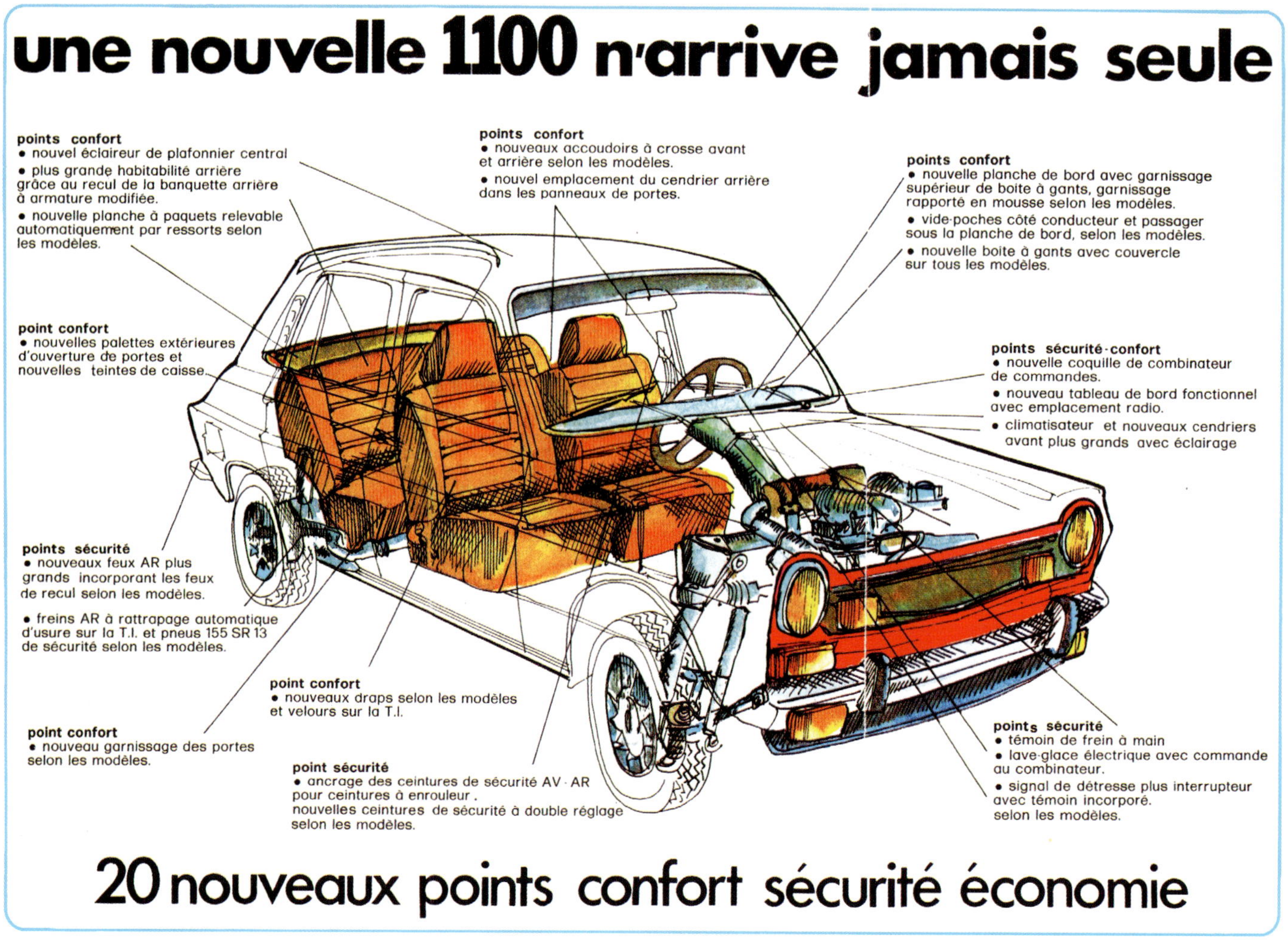

Ci-dessus.
Au printemps 1975, les services commerciaux et Young and Rubicam s'appuient sur les bons mots de la presse mettant en exergue l'intelligence de la voiture. Indéniablement, il s'agit de son plus bel atout (publicités parues le 15 mars et le 1er avril 1975).

la 1100 LX : « *une mode facile à adopter* » ! À l'intérieur, le traitement est identique : tableau de bord et contre-portes des LS, sièges enveloppants rappelant ceux de la 1100 TI, mais tendus d'un pétulant tissu imprimé de ronds, volant de TI, vitres arrière qui s'entrebâillent. Les 54 ch DIN délivrés à 6 000 t/min et le couple de 8,2 mkg à 3 200 t/min n'en font certes pas un foudre de guerre, mais suffisent néanmoins à propulser la voiture autour de 135 km/h chrono moyennant 7 l aux 100 km environ[3]. Compte tenu de l'absence de toute prétention à la performance, et aussi pour contenir le prix de fabrication, le servofrein n'est pas monté en série. La transmission semi-automatique Ferodo Verto n'est pas disponible en option. Juge-t-on qu'elle n'était pas compatible avec l'image de jeunesse que cette version doit dégager, que le moteur était un peu trop faible pour elle ou que cet équipement était trop cher ? Toujours est-il que ce choix semble avoir été opéré in extremis ; en témoignent des feuillets publicitaires où cet équipement apparaît en transparence, sous une large bande noire…

À l'évidence, la LX est une voiture qui cherche à rafraîchir l'image et la clientèle de la 1100, à attirer vers elles les jeunes ou tous ceux qui lorgnent du côté d'une autre trois portes dont le succès s'affirme chaque jour grâce à une esthétique très réussie : la Renault 5, alias *Supercar*.

Coup de maître pour Chrysler France, cette version parvient à remettre la 1100 à l'honneur dans la presse spécialisée, qui lui consacre un certain nombre d'articles. Pour André Costa, dont le compte rendu d'essai paraît dans *l'Auto-Journal* du 15 décembre 1974, la LX est « l'occasion de la saison ». « À défaut de posséder la variété de gamme qui lui aurait peut-être évité une bonne part de ses difficultés présentes, Simca a toujours cherché à diversifier au mieux sa 1100. Il ne sera vraisemblablement jamais possible de transformer ce parallélépipède à roulettes en une jolie voiture, mais Poissy a réussi à en faire un véhicule sympathique et pratique. […] Avec un prix de base de 15 000 francs, la 1100 LX est très avantageuse par rapport à ses concurrentes, au point qu'un examen attentif et comparatif pratiqué par nos quatre grands constructeurs mérite d'être effectué. […] En dépit de quelques insuffisances, elle possède une physionomie attrayante et la technique deux portes est quand même la plus sure, surtout si l'on a l'habitude de loger à l'arrière des enfants. Et puis, le fait de consommer de l'essence ordinaire ne devrait certes pas déplaire… »

Le « coup » est peut-être moins réussi en ce qui concerne les comparaisons suscitées dans l'esprit des journalistes : lorsque l'*Auto-Journal* décide d'impliquer la 1100 LX dans un essai comparatif, ce n'est pas la flatteuse Renault 5 qui lui est opposée le 15 février 1975, mais la… Renault 6 TL, le vilain petit canard de Billancourt. Une bonne voiture, certes, mais à l'opposé de l'image jeune et moderne que Chrysler France comptait exprimer ! Consolation : malgré ses trois portes, la 1100 LX l'emporte sur sa rivale au bout du compte.

« *Comment pouvez-vous comparer une cinq portes et une trois portes, nous diront certains. En fait, au-delà de cette dissemblance évidente et que nous n'avons pas cherché à cacher, tout nous invite à rapprocher ces deux 6 CV à traction avant : leur prix très voisin, leur cylindrée à peu près identique, leur caractère semi-utilitaire, liée à l'existence d'un hayon. Ajoutons que l'apparition de la toute récente LX donne à ce match un caractère d'actualité peu contestable. Au terme d'une confrontation très disputée, la Simca l'emporte. Si les 1100 de Poissy offrent des qualités connues, cette version retient l'attention par des caractéristiques attrayantes : utilisation de l'essence ordinaire, sièges*

Ci-contre. Même thématique en RFA, sous une approche plus ludique. Les accroches sont éloquentes : « *La Simca 1100, ou comment il est possible de conduire deux autos en une* » et « *Devant quel hayon trouve-t-on autant d'automobile pour ce prix ?* » Sur l'année calendaire 1974, Chrysler Deutschland vend 24 862 Simca 1100 en RFA. Ce score est à peine inférieur à celui des récentes Renault 5 (26 959 unités) et relativement proche de celui des Ford Escort (28 236 ventes), mais évidemment très loin des 127 457 Opel Kadett vendues cette année-là.

très agréables, équipement décent (roues, volant, feux arrière de recul, antibrouillard). Cela dit, le freinage doit être amélioré. De son côté, la Renault 6, qui dispose d'un bel atout avec sa suspension très souple, se présente comme un véhicule honnête qui ne déçoit pas, sans pour autant enthousiasmer : la carrosserie peu gracieuse, étriquée, a vieilli. Les performances apparaissent médiocres. Nous n'avons certes pas affaire à la vedette de la gamme Renault [...], *mais sa rusticité lui garde des sympathies. »*

LE 5 CV, cinq portes, LS 6 CV, cinq portes ou break, LX 6 CV, trois portes, GLS 6 CV, cinq portes ou break, ES 6 CV, cinq portes, Spécial 7 CV cinq portes ou break, TI 7 CV, trois ou cinq portes : la gamme 1100 compte désormais la bagatelle de onze versions de tourisme, auxquelles s'ajoutent les deux déclinaisons utilitaires, et sans compter les variantes LS et GLS à bas taux de compression ou encore les modèles dotés de la transmission semi-automatique. Il s'agit là de la famille la plus étendue de la production française, aux côtés de la très complète gamme Peugeot 504. L'arrivée d'un break LE 5 CV en mars 1975 élargit encore cette offre tentaculaire. Au fur et à mesure que le millésime 1975 s'écoule, le bruit se fait cependant de plus en plus insistant : une nouvelle venue s'apprête à lui voler la vedette bientôt… Une double page assortie de photos des « futures Simca 1300 » paraît dès le 15 février 1975 dans l'*Auto-Journal*. De surcroît, le renouvellement de la concurrence et l'élargissement de la famille des 6-7 CV à traction avant et hayon sur la scène européenne ne lui facilitent certes pas la tâche.

Tarif français et catalogue des options en octobre 1974 (lancement du millésime 1975)

Modèle selon le libellé officiel du tarif	Tarif en France métropolitaine	Options disponibles
Simca 1100 LE 4 portes 5 CV	14 350 francs	1, 2, 3, 6, 7
Simca 1100 LS 4 portes 6 CV	14 750 francs	1, 2, 3, 4, 6, 7
Simca 1100 LS break 4 portes 6 CV	15 450 francs	1, 2, 4, 6
Simca 1100 LX 2 portes 6 CV	15 000 francs	1, 2, 3, 6, 8
Simca 1100 GLS 4 portes 6 CV	16 350 francs	1, 2, 3, 5, 7, 8
Simca 1100 GLS break 4 portes 6 CV	16 850 francs	1, 2, 5, 8
Simca 1100 ES 4 portes 6 CV	17 250 francs	1, 2, 3, 5, 7, 8, 9, 10
Simca 1100 Spécial 4 portes 7 CV	17 950 francs	1, 2, 3, 5, 8, 9, 10
Simca 1100 Spécial break 4 portes 7 CV	18 450 francs	1, 2, 5, 8, 9, 10
Simca 1100 TI 2 portes 7 CV	18 950 francs	1, 2, 3, 7, 8
Simca 1100 TI 4 portes 7 CV	19 750 francs	1, 2, 3, 7, 8
Simca 1100 fourgonnette VF1 6 CV	12 600 francs	1, 2
Simca 1100 fourgonnette VF2 6 CV Surélevée	12 200 francs	11
Catalogue des options		
1. Laque métallisée	134 francs (120 francs sur VF1)	
2. Lunette arrière dégivrante	156 francs (140 francs sur VF1)	
3. Ceintures de sécurité avant à rétracteur	216 francs	
4. Transmission automatique et servofrein	1 467 francs	
5. Transmission automatique	1 251 francs	
6. Servofrein	216 francs	
7. Garnissage vinyle	gratuit (323 francs sur LE 4 portes et LS 4 portes)	
8. Radio	596 francs	
9. Pare-brise feuilleté azuré	287 francs	
10. Projecteurs principaux H4	85 francs	
11. Grille de séparation	362 francs	

À noter, la disparition de l'option automatique sur les 1100 VF1.

Faut-il l'appeler LX ou Elix ?

Ci-contre et ci-dessous.
Ces deux prospectus très similaires datent de l'automne 1974. Le fait que le document estampillé « Elix » porte des corrections assez artisanales par rapport à l'autre marqué « LX » contrevient à l'idée selon laquelle l'appellation Elix serait postérieure. L'évolution de l'équipement porte sur les éléments suivants : sécurité enfants portes arrière, boîte semi-automatique Ferodo en option et quatre glaces descendantes. La mention de ces dernières nous laisse dubitatif : Chrysler France aurait-il renoncé au dernier moment à lancer la voiture avec cinq portes ?

LX ou Elix ? Voilà un sujet de polémique pour les amateurs de Simca en général, de 1100 en particulier ! Comme l'œuf et de la poule, laquelle est donc arrivée avant l'autre ? Elix s'est-elle muée en LX ? L'examen de quelques documents montre que la réalité est un peu plus complexe…

Ci-contre.
Ce document de mars 1975, destiné au marché français, continue de porter la mention Elix, alors que l'appellation LX est et a toujours été de mise sur le hayon.

Ci-contre.
La schizophrénie est à son comble sur ce document néerlandais qui juxtapose les deux appellations !

Et si la 1100 faisait peau neuve ?

Ci-contre.
Dès 1972, Jacques Cooper a livré cette vision d'une 1100 recarrossée. Le dessin des bas de caisse et l'intégration des pare-chocs font penser aux Renault 15 et 17.

Ci-dessous.
Cette photographie d'une esquisse datée de février 1975 semble s'en inspirer. À notre connaissance, aucune maquette n'a été construite, ni de l'une ni de l'autre.

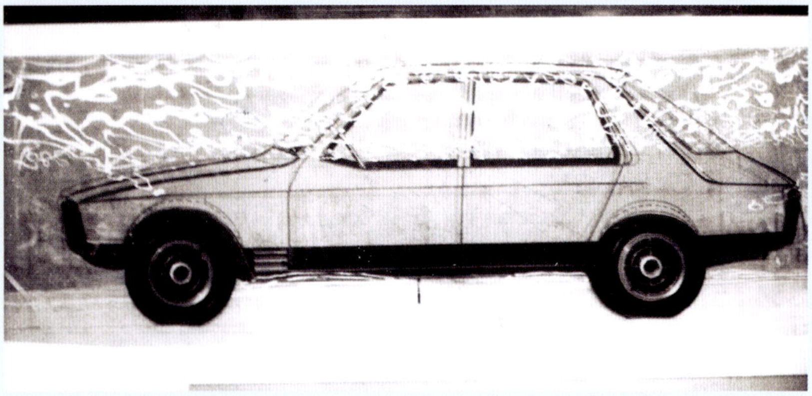

Depuis 1967, le constructeur de Poissy s'attache à actualiser la Simca 1100 par touches, à coups de planches de bord et de petites modifications de carrosserie, et le millésime 1975 n'a pas fait exception. Les bureaux d'études ont cependant imaginé des changements bien plus radicaux. Quelques photos de dessins et de maquettes témoignent des recherches menées en vue d'une hypothétique véritable nouvelle génération pour le millésime 1977. L'ampleur des investissements à réaliser et peut-être bien une réussite esthétique relative ont finalement conduit à renoncer au projet. L'on compterait plutôt sur les 1307-1308 pour maintenir les parts de marché en attendant qu'un véritable nouveau modèle succède aux 1100.

Ci-dessous et page suivante.
Cette maquette photographiée sous tous les angles au printemps 1975 témoigne d'une recherche nettement plus avancée. Le prototype de 1100 LX à cinq portes qui voisine avec elle permet de se faire une idée de l'ampleur des transformations. À l'exception de la cellule centrale, des portières et du hayon, tous les panneaux de carrosserie changent. Seule la structure est conservée. L'avant est très marqué par le style américain... du début des années 1970, avec des projecteurs de route qui s'éclipsent dans la calandre. Les gros projecteurs additionnels et les sorties d'air latérales mettent en exergue quelque velléité sportive ; nous avons affaire ici à un projet siglé « TI ». L'arrière présente une forme particulière, qui rappelle les carrosseries aérodynamiques « queue de castor » des années 1930. Les surfaces vitrées sont agrandies artificiellement par un entourage noir. Chacun jugera de la réussite de cette carrosserie, dont l'aspect le plus intéressant est peut-être l'intégration réussie de gros pare-chocs. L'intérieur en revanche n'a pas occupé les travaux des stylistes, du moins pour cette maquette.

928-77

928-77

928-77

928 77
LX

l'auto-journal

NUMÉRO 13 - 1er AOÛT 1975 - PRIX : 5 F

EN AVANT-PREMIÈRE LES MODÈLES 76

TOUT SUR LES SIMCA 1307/1308

LA NOUVELLE SIMCA 1307 S

J'AI CONDUIT LA PEUGEOT 604

Belgique : 45 FB - Suisse : 4 FS - Italie : 850 L - Espagne : 70 P - Maroc : 5,8 DH - Tunisie : 500 Mm - Algérie : 5 DA - Canada : 1 D 30

Ci-contre.
A partir de l'été 1975, la Simca 1100 n'est plus la vedette incontestée de la gamme Chrysler France. Les 1307-1308, qui reprennent leur conception d'ensemble et leurs qualités intrinsèques sous une carrosserie étoffée, sont désormais le porte-étendard de Poissy. Destinées à succéder aux vénérables 1301-1501, elles n'en concurrencent pas moins partiellement les 1100 dans leurs déclinaisons GLS et S dotées elles aussi du moteur 7 CV, 1 294 cm³.

Automne 1975 : jongler avec les versions, encore

La série 1100 continue néanmoins sa route, et inlassablement, son promoteur change la structure de la gamme et les appellations.

Ainsi, les LS disparaissent ; plus exactement, elles subsistent sous leur forme dotée du moteur 6 CV à bas taux de compression apparu en option l'an passé et en devenant LE 6 CV. Elles reçoivent la mécanique type 3E1 de 1 118 cm³ forte de 50 ch DIN ; notons à ce propos que celle-ci développait 4 ch DIN supplémentaires dans son exécution du millésime précédent. La berline LE 5CV est dotée du 5 CV, 944 cm³ type 3D1, dont la puissance réelle décroît à 47 ch DIN. Le break LE adopte quant à lui le moteur 3E1A à haute compression développant 58 ch DIN[1]. La berline GLS, pour sa part, s'efface : une GLX prend le relais. Elle reste en tout point semblable à la GLS de l'année précédente, à ceci près qu'elle adopte la calandre, les chapeaux de roues et les sièges de la LX. Comme la berline GLS 1975, elle est disponible sur demande avec le moteur 6 CV à bas taux de compression qui équipe aussi la LX ; le cas échéant, elle ne peut toutefois pas recevoir la transmission semi-automatique. Le break GLS continue en revanche sa route, de même que la berline ES, en conservant la même physionomie ! Enfin, la 1100 Spécial devient tout simplement 1100 S, et subsiste seulement en version berline cinq portes ; le break tire sa révérence. Il en va de

1976-78 : DURER JUSQU'À L'HORIZON

Pour la première fois depuis bien longtemps, la 1100 n'est plus sous les feux des projecteurs au moment du Salon de Paris d'octobre 1975. Cette place est désormais dévolue aux 7/8 CV Chrysler-Simca 1307-1308. Ces berlines, placées un cran au-dessus des 1100, ont pleinement hérité des huit années d'expérience accumulées avec ces dernières en matière de conception, de tenue de route et d'échelonnement de la gamme. Et le succès est proprement fulgurant, quand les 160, 180 et 2 Litres, pensées selon les standards anglo-saxons chers aux maîtres américains de Poissy, mènent depuis 1970 une carrière ectoplasmique !

Ci-contre.
La 1100 LX, qui a immédiatement trouvé son public, continue sa carrière. Elle est désormais disponible aussi dans cette livrée Blanc Tacoma. Notez les butoirs de pare-chocs tout en caoutchouc qui apparaissent pour l'année-modèle 1976.

Ci-contre et ci-dessus.
Signe du succès des LX, Chrysler United Kingdom en diffuse à compter de la rentrée 1975 une déclinaison à cinq portes. Cette voiture existe également aux Pays-Bas ; annoncée en juillet 1975 par cette photo de presse, elle prend là-bas l'appellation « Simca 1100 LX Vierdeurers », soit « Simca 1100 LX quatre portes ».

même de la 1100 TI à trois portes. Cette carrosserie mène décidément une existence compliquée…

Le changement est aussi à l'œuvre sous le capot, avec de nombreuses retouches plus ou moins conséquentes apportées au moteur : bloc-cylindres aux parois épaissies, nouveau profil d'arbre à cames, bielles renforcées, culasse à portées de soupapes augmentées, nouvelle pompe à eau, récupération des vapeurs d'huile et nouveau carter d'huile, nouveau vilebrequin et volant moteur à sept trous de fixation et divers réglages pour réduire les émissions caractérisent les mécaniques millésime 1976. Pour l'utilisateur, ces évolutions se traduisent en premier lieu par les baisses de puissance que nous avons évoquées. Spécial et TI reçoivent par ailleurs un nouveau filtre à air. De plus, leur témoin de frein à main change d'emplacement. Elles peuvent en outre être dotées d'essuie-glaces de phares moyennant supplément. En parallèle, la LX est pourvue d'un servofrein en série.

Dans la rue, l'amateur reconnaît surtout les 1100 du millésime 1976 à leurs butoirs de pare-chocs désormais entièrement en caoutchouc et à leurs essuie-glaces uni-

1. *Jusqu'alors, cette mécanique délivrait 60 ch DIN.*

Ci-dessous.
A l'automne 1975, la berline GLS cède sa place à la GLX. Signes distinctifs : les chapeaux de roues et la calandre sont repris de la LX. Curieusement, le break GLS continue sa route sous la même définition générale que les années précédentes !

Ci-contre.
De la gamme « E » née dans l'urgence après la crise pétrolière durant le millésime 1974, l'ES est celle qui tire le mieux son épingle du jeu. Cette sorte de Spécial à moteur 6 CV poursuit donc sa route pour un millésime de plus.

Ci-contre.
La Spécial poursuit également sa route pour le millésime 1976, mais uniquement sous forme de berline cinq portes. Elle est présentée ici par l'éphémère, mais non moins sympathique mascotte de Chrysler France, Sim'Cat. Une telle mascotte fumant le cigare serait inimaginable aujourd'hui.

Ci-dessous.
Ces documents néerlandais (pour la fourgonnette) et anglais (pour le pick-up) démontrent une nouvelle fois que les utilitaires 1100 sont loin d'être tristounets. En France, le choix pour le millésime 1976 comprend Blanc Tacoma, Jaune Maya, Orange Pendjhari (comme cette Commercial néerlandaise) et Gris Alpaca métallisé, mais dans d'autres pays comme le Royaume-Uni, le choix est plus large encore, avec le Vert Racing, le Bleu Sidéral ou, comme ici, le Rouge Vallelunga.

formément noirs, comme ils l'étaient sur la seule LX lors du millésime 1975. Dans l'habitable, toutes les 1100 sont équipées d'une manette commandant les clignotants et dotée d'un rappel automatique ainsi que les essuie-glaces et lave-glaces, avec une commande au coup par coup. Elles peuvent aussi recevoir des ceintures de sécurité à enrouleur. La présentation des LE s'améliore avec l'arrivée de moquettes de sol tandis que les utilitaires sont équipés de nouveaux sièges.
Enfin, une nouvelle évolution de la gamme intervient en janvier 1976, avec l'introduction d'une VF2 en version pick-up bâché ; comme les autres utilitaires, cette dernière est motorisée par la mécanique 3E1 1 118 cm^3, 6 CV à bas taux de compression délivrant 50 ch DIN. Fait étonnant, les VF2 sont livrables avec la transmission semi-automatique Ferodo, alors que cette option a disparu du catalogue VF1 en 1974.

Pourquoi une gamme si complexe et changeante ?

À bien des égards, la politique de gamme de Chrysler France en général, pour la Simca 1100 en particulier peut paraître parfaitement insaisissable et totalement déconcertante. À y regarder de plus près pourtant, tout n'est pas aussi illogique qu'il y paraît de prime abord. Ainsi, les fondamentaux de la gamme perdurent, avec une offre d'appel « L », un cœur de gamme « GL » sans velléité sportive, mais convenablement équipé, les Spécial apportant un supplément d'âme et les TI plus résolument sportives ; il ne faut pas oublier non plus les utilitaires, qui motorisent la France des artisans. Le reste n'est que variation autour d'un même thème. Alors, qu'est-ce qui brouille tant les cartes ? Pour comprendre la stratégie déployée, il suffit de se pencher sur l'état de la gamme Chrysler France et des ventes depuis le premier choc pétrolier.
Au cœur des années 1970, la gamme distribuée par le réseau du constructeur comprend des modèles aussi variés qu'hétéroclites qui n'ont, à tout prendre, pas grand-chose en commun les uns avec les autres. Ainsi, l'antique Sim-

Ci-contre de chaque côté.
En 1976, la campagne de publicité sur le marché français décline le thème *« l'Original »* : c'est ainsi que Chrysler France assume l'âge désormais avancé pour une automobile de sa 6-7 CV. Dans un contexte où la concurrence a lancé des voitures intelligentes reprenant la plupart des conceptions de ses 1100, le constructeur met en exergue la constante amélioration de la voiture pour aboutir à un véhicule qui n'est certes plus à la pointe de la mode, mais qui continue d'offrir de solides qualités de base.

ca 1000 ne survit que grâce à l'appétence du marché italien, où Fiat – d'ailleurs largement à l'origine de sa naissance – a remplacé sa 850 à moteur arrière par une 127 à traction avant. En 1975, ce sont encore 29 400 exemplaires qui rejoignent la Botte, alors que seulement 19 171 unités sont écoulées dans l'Hexagone : c'est quatre fois et demi moins que de Peugeot 104 (85 972) et presque huit fois moins que de Renault 5 (152 195) ! Les 1301-1501 sont en fin de carrière, mais continuent de se vendre mieux que les 160-180 et 2 Litres boudées par le public : seuls 15 349 exemplaires de ces dernières sont écoulés au sein de la Communauté économique européenne en 1975, contre encore 60 083 Simca 1301-1501 et 162 038 Peugeot 504. Les Matra-Simca, pour leur part, ne sauraient prétendre à des volumes de diffusion très importants ; avec 4 206 ventes en France en 1975, les résultats commerciaux des Bagheera sont néanmoins loin d'être négligeables. En tenant compte de ces dernières, l'on voit ainsi cohabiter une petite tout-à-l'arrière, deux gammes à l'architecture classique associant moteur avant et propulsion, une voiture à moteur central et, bien sûr, les 1100 à traction avant et moteur transversal. L'on pourra toutefois objecter à cette analyse que Chrysler France doit avant tout être appréhendé dans la perspective de Chrysler Europe, voire de la firme à l'échelle mondiale. Pour autant, les Avenger, Hunter et Alpine de Chrysler UK sont loin de battre des records de vente à l'échelle du Marché Commun – 87 294 unités seulement au total en 1975 – et pas même au Royaume-Uni. Ainsi, seules 28 966 Hunter et 38 877 Avenger trouvent preneur sur ce marché cette année-là, contre 106 787 Ford Cortina et 78 632 Morris Marina. En France, ces autos restent parfaitement anecdotiques – 592 Avenger et 71 Hunter distribuées dans l'Hexagone en 1975 – et ne fournissent donc pas l'appoint d'activité au réseau commercial d'Europe continentale que le Pentastar espérait. Nous ne parlerons pas des quelques dizaines de Chrysler américaines distribuées en Europe ces années-là… Quant à la gamme espagnole, elle est une émanation des fabrications de Poissy

Ci-dessous.
L'hésitation dans l'ajustement des gammes transparaît sur cette photo de break GLS doté de chapeaux de roues des LX et GLX… Le petit clignotant d'aile traduit un modèle équipé pour le marché italien.

Ci-dessus.
Les LX et GLX de la gamme 1977 se caractérisent par un tout nouveau volant bifide. Cet élément moderne s'harmonise sans doute mieux avec le dessin de la planche de bord que le précédent. L'on remarquera la curieuse arabesque au centre du volant : a-t-on tenu à ménager les susceptibilités en évitant le Pentastar ? Il est vrai que gestion des identités est une affaire complexe, chez Chrysler Europe.

Ci-dessus.
Le break GLS, tel qu'il se présente pour 1977. Force est de constater que les grands enjoliveurs chromés couvrant toute la jante, qui continuent aussi d'équiper la berline ES, sont désormais plutôt datés. La photo visible ici est issue d'un catalogue anglais ; le break s'appelle là-bas Estate.

Ci-dessous.
En Suède, le break GLS reçoit les jantes et les enjoliveurs de la Spécial. Parmi les autres caractéristiques de ce marché figurent la conservation de la calandre chromée sur la GLX, le montage d'essuie-glaces de phares, imposés par la législation locale… et l'absence du nom Chrysler. Les Spécial et les TI ont tiré leur révérence du marché suédois dès 1975, sans doute sous l'effet des réglementations locales de protection de l'air et le moteur 1 294 cm^3, développant 66 ch DIN, est généralisé à la gamme subsistante – LS et GLS – pour 1976. Les Spécial et TI achèvent leur carrière dès 1975. En 1977, la gamme se compose de la LE en versions trois et cinq portes, de la berline GLX et du break GLS ; elle voisine alors avec la Simca 2L, alias Chrysler-Simca 2 Litres et les Simca CombiCoupé (comme les Saab 900 !) 1307 S, 1508 S et 1508 GT, qui ne sont autres que nos 130X. Au Danemark, le break est appelé « Station Car ».

Seule la 1100 tire véritablement son épingle du jeu en obtenant des résultats commerciaux dignes d'un grand constructeur, mais elle commence à décliner : 162 485 unités « seulement » trouvent preneur au sein du Marché Commun en 1975 contre 169 564 l'année précédente, pendant laquelle le marché était pourtant au plus bas. La préoccupation est d'autant plus importante que la part de marché occupée par la 1100 en France ne fait que baisser depuis 1972 : après avoir frôlé 10 % cette année-là, celle-ci s'est en effet érodée régulièrement, à 8,4 % en 1973, puis 7 % en 1974 et 6,6 % en 1975.

L'enjeu est donc triple : il s'agit de résister au renouvellement de la concurrence pour tenir jusqu'à l'arrivée des 130X à la rentrée 1975, en s'adaptant dans l'urgence aux nouvelles exigences – conséquences du choc pétrolier, puis ne pas la laisser seule afin d'éviter de renouveler la situation de quasi-monoculture, particulièrement sur le marché français, qui met Chrysler France en position de fragilité.

Pour ce faire, il était d'abord nécessaire de décliner les différentes versions pour leur permettre d'affronter directement les produits de la concurrence, qui évoluent et se renouvellent sans cesse. Les LS 5 CV n'ayant pas pu rivaliser comme il se devait avec les Renault 6 – peut-être parce que Chrysler France n'a pas su la vendre ? –, le constructeur a pris le parti d'affronter ces dernières, voire les pimpantes Renault 5 avec une LX plus gaie. L'orientation progressive vers une mécanique

Ci-dessous.
Les Anglais continuent d'avoir droit à une LS à trois portes, curieusement refusée au marché français. Sans doute juge-t-on que la LX y suffit dans l'Hexagone à satisfaire le segment.

Tarif français et catalogue des options au cours du millésime 1976 (mai 1976)

Modèle selon le libellé officiel du tarif	Tarif en France métropolitaine	Montant minimal du premier versement pour un achat à crédit	Options disponibles
Simca 1100 LE 4 portes 5 CV	18 580 francs	3 716 francs	1, 2, 10, 11, 14
Simca 1100 LE 4 portes 6 CV	19 380 francs	3 876 francs	1, 2, 6, 10, 11, 13
Simca 1100 LE break 6 CV	20 180 francs	4 036 francs	1, 2, 5, 6, 11, 13
Simca 1100 LX 2 portes 6 CV	19 880 francs	3 976 francs	1, 2, 3, 6, 10, 11, 13
Simca 1100 GLX 4 portes 6 CV	20 780 francs	4 156 francs	1, 2, 4, 5, 6, 10, 11, 13
Simca 1100 GLS break 6 CV	21 680 francs	4 336 francs	1, 2, 6, 11, 13
Simca 1100 ES 4 portes 6 CV	21 680 francs	4 336 francs	1, 2, 6, 10, 11, 12, 13
Simca 1100 S 4 portes 7 CV	22 580 francs	4 516 francs	1, 2, 6, 7, 10, 11, 12, 13
Simca 1100 TI 4 portes 7 CV	25 080 francs	5 016 francs	1, 2, 7, 9, 13
Simca 1100 camionnette bâchée	15 540 francs	3 108 francs	11
Simca 1100 fourgonnette VF1	15 520 francs	3 104 francs	1, 11, 15, 17
Simca 1100 fourgonnette VF2	15 440 francs	3 088 francs	6, 11, 15, 16
Catalogue des options			
1. Peinture métallisée	300 francs (199,80 francs sur VF1)		
2. Ceintures avant à enrouleur	222 francs		
3. Baguettes latérales	-157 francs		
4. Bandes de caisse	157 francs		
5. Moteur à bas taux de compression	17 francs		
6. Convertisseur de couple	1 556 francs (1 400,40 francs sur VF2)		
7. Essuie-glaces de phares	367 francs		
8. Garnissage vinyle	gratuit (389 francs sur LE 4 portes 5 CV et LE 4 portes 6 CV)		
9. Toutes glaces teintées	220 francs		
10. Toutes glaces teintées et pare-brise feuilleté	464 francs		
11. Pare-brise feuilleté clair	244 francs (219,60 francs sur camionnette bâchée, VF1 et VF2)		
12. Phares H4	103 francs		
13. Radio	744 francs		
14. Servofrein	273 francs		
15. Grille de séparation avec repose-tête	439 francs		
16. Glaces latérales fixes	339,30 francs		
17. Lunette arrière chauffante	200 francs		

L'automatisme fait son retour dans la gamme utilitaire, mais sur la VF2, ce qui lui procure encore un avantage supplémentaire – outre son prix et son volume de chargement plus important – sur la VF1. Par ailleurs, l'ensemble « automatique » est désormais dénommé « convertisseur de couple », ce qui est plus exact sur le plan technique.
Fait peu banal, l'option « baguettes latérales » sur 1100 GLX est une « option négative » qui réduit le prix de la version de base.

6 CV à bas taux de compression plutôt qu'aux moteurs 5 CV est aussi une leçon de ce relatif échec... et du succès de la LX. Celui-ci conduit d'ailleurs les responsables du produit à remplacer la berline GLS par une GLX avec l'espoir de le faire rejaillir sur les berlines cinq portes. La persistance du break GLS, en revanche, est plus difficile à justifier... Ensuite, pour continuer d'exister aux côtés des 130X, il s'agit de démarquer les 1100, particulièrement de la 1307, qui attire 72 980 clients en France dès 1976, contre 69 938 Simca 1100 (4,9 % de part de marché). Ce besoin a certainement justifié de relancer la trois portes de base à la rentrée 1977 sur le marché français, dont elle avait disparu depuis l'été 1971, avec l'espoir par ailleurs de suppléer les vieilles 1000.

En somme, la complexité apparente de la gamme 1100, c'est avant tout l'histoire d'un combat pour la survie de Chrysler Europe comme « un constructeur qui compte ».

Millésime 1977 : En attendant la relève

La famille 130X a beau être devenue la locomotive de la production de Chrysler France, à telle enseigne que le 250 000e exemplaire quitte déjà les chaînes de Poissy le 16 novembre 1976, la 1100 reste relativement vaillante pour une auto qui aborde sa dixième année d'existence. À croire que la politique de gamme rétrospectivement déconcertante menée par ses promoteurs porte quelques fruits ! Les choses s'annoncent cependant un peu plus simples pour ce nouveau millésime.

Ci-contre.
Ne les appelez plus Simca : à partir du millésime 1977, les 1100 utilitaires deviennent des Dodge outre-Atlantique, ce qui se matérialise par de nouveaux badges de carrosserie. Chrysler United Kingdom procède alors à une rationalisation de ses appellations, faisant disparaître toutes ses marques de voitures particulières – Hillman, Humber et Sunbeam – au profit de Chrysler et affichant la volonté d'identifier progressivement tous les utilitaires par la marque Dodge outre-Manche.

Ci-dessus.
Dès février 1977, *l'Action automobile et touristique* présente fidèlement à sa une la future 6/7 CV de Poissy, héritière de la 1100. Tout laisse à penser qu'une page va bientôt se tourner, ce qui ne contribue certes pas à soutenir les ventes.

Ci-dessus.
En décembre 1976, la gamme 1100 est rejointe par une version Affaires et Sociétés, dite AS, une élégante berline de livraison à trois portes qui peut recevoir tout le confort d'une voiture de tourisme. Si cette déclinaison peut passer pour une première, il n'en est pourtant rien : du millésime 1969 à l'année-modèle 1972, il était en effet possible d'obtenir toutes les berlines cinq portes en version « commerciale ».

Ci-contre de chaque côté.
En France comme en Belgique, la publicité essaie plus que jamais de tirer profit du côté « vieille connaissance » de la 1100.

Ci-contre.
Pour maintenir vaille que vaille l'intérêt autour de la gamme 1100, le constructeur de Poissy lance en avril 1977 une LX Spécial sur les différents marchés européens. Basée sur la LX, elle présente un stripping latéral différent, des enjoliveurs hérités des 1100 Spécial, mais peints partiellement en noir et un intérieur à rayures. En France, la voiture est équipée d'un toit ouvrant.

D'abord, l'éventail des versions est restreint. La mécanique 5 CV, livrable uniquement sur la berline LE, disparaît une nouvelle fois du catalogue des 1100. Elle n'aura décidément jamais su y trouver la place qui aurait pu lui revenir. La faute en revient tant à la concurrence qu'à Chrysler France, qui n'a jamais consenti de réel effort pour la promouvoir, axant tous ses efforts sur la 7 CV Spécial. Pourtant, elle aussi disparaît cette année, elle qui avait tant fait pour que la 1100 obtienne un succès plus que mérité. La TI, avec sa présentation plus actuelle et sportive, reste seule en piste du côté des 1100 7 CV. Elle reste une alternative crédible, certes moins spacieuse et récente, mais tout aussi pratique et mieux équipée, à la 1307 GLS, l'autre 7 CV familiale de Poissy. Dans la gamme Chrysler France, elle continue aussi d'incarner la voiture de tempérament de conception moderne, aux côtés de la 1000 Rallye 2 à moteur arrière, qui continue vaille que vaille sa route.

Les autres versions, LE 6 CV cinq portes et break, LX 6 CV trois portes, GLX 6 CV cinq portes, GLS 6 CV break, ES 6 CV cinq portes, TI 7 CV cinq portes, VF1 6 CV fourgonnette, VF2 6 CV fourgon surélevé et plateau bâché continuent leur carrière en recevant de menus amendements. L'équipement de sécurité est ainsi amélioré, avec la généralisation du double circuit de freinage, complété par un indicateur de chute de pression au tableau de bord. Les versions de tourisme reçoivent des ceintures de sécurité à enrouleur en série, en option le millésime précédent. Leur dotation s'enrichit aussi d'une lunette arrière chauffante montée en série ; jusqu'alors, ce « luxe » était l'apanage de la 1100 TI (option sur les autres modèles). L'équipement des LX et GLX est en outre complété par des appuis-tête aux places avant livrés en série ; la TI en était déjà dotée. De plus, la TI est désormais équipée d'un essuie-glace de lunette arrière.

En haut, ci-dessus et ci-contre.
La carrosserie de la LX Spécial se présente ici sous tous les angles. L'on notera l'absence de toit ouvrant, même sur la voiture immatriculée à Paris. Remarquons aussi l'essuie-glace de lunette arrière, apparu en série sur les 1100 TI à l'automne 1976.

Ci-contre et ci-dessous. Après six ans d'absence, une 1100 de base à trois portes refait son apparition sur le marché français à la rentrée 1977. Jadis dénommée LS, celle-ci s'appelle maintenant LE. Un détail : cette année encore et comme depuis le début de la carrière des 1100, les berlines sont dénommées officiellement « deux portes » et « quatre portes ».

Dans un souci de préservation de l'environnement, les carburateurs montés sur les différents moteurs sont désormais équipés d'un ralenti indéréglable. Autres changements mécaniques, les supports moteurs évoluent et la démultiplication de la direction est accrue, tandis que le double circuit de freinage est généralisé à toute la gamme, au service de la sécurité des passagers.

Dans l'habitacle, le volant des LX et GLX évolue ; il reprend le dessin de l'élément monté sur les 130X. Le compartiment arrière des GLX est également revisité, avec une banquette dotée d'un décrochement central et le déplacement des cendriers sur les contreportes. En outre, les ES et TI du nouveau millésime se caractérisent également par l'arrivée en série d'un pré-équipement radio comprenant une antenne, un faisceau, un haut-parleur et un antiparasitage. Cet ensemble est livrable en option sur les autres modèles.

Alors que l'offre venait d'être réduite, Chrysler France relance le développement de la gamme dès le mois de décembre 1976 en complétant l'éventail des versions utilitaires par une berline trois portes, deux places appelée AS, pour « Affaires et Sociétés ». Avec cette voiture, qui lui permet de mieux amortir la carrosserie trois portes, le constructeur entend offrir un petit utilitaire avenant. La possibilité pour les acheteurs français de récupérer la TVA grâce à la suppression des places arrière constitue le véritable fondement de la création de cette voiture. Sous le capot, c'est évidemment le 1 118 cm^3 à bas taux de compression délivrant 50 ch DIN qui prend du service, comme sur toute la gamme utilitaire et sur la LX. Extérieurement, elle est une LX sans bandes latérales ni jonc de ceinture de caisse, mais avec des chapeaux de roues chromés. Butoirs de pare-chocs, feux de recul et de brouillard sont de série, de même qu'un rétroviseur extérieur droit, obligatoire pour avoir le droit de charger le compartiment arrière jusqu'au toit. Intérieurement, elle possède les sièges de la LX, avec les appuis-tête, mais un garnissage plus sobre en skaï, et garde les moquettes de sol. Elle reçoit aussi montre et totalisateur partiel, que la LX ne possède pas, tout comme elle est dotée d'un miroir de courtoisie ou d'un rétroviseur jour et nuit. Le commercial recevant une 1100 AS n'est décidément pas blâmé. Seule l'articulation de la vitre de custode manque à l'appel, mais elle est bien inutile sans passagers arrière ! Les plus exigeants peuvent encore compléter la dotation par un pare-brise feuilleté, un essuie-glace et un lave-glace de lunette arrière, une peinture métallisée et un garnissage de sièges en drap. Seul raffinement à lui être refusé : la transmission semi-automatique.

En avril 1977, c'est une encore la carrosserie trois portes qui a les honneurs de Chrysler France. Après avoir lancé la 1000 Extra en mars 1976, le constructeur cherche une nouvelle fois à exploiter la récente mode des séries spéciales en lançant une LX Spécial. Basé comme son nom l'indique sur la LX, ce véhicule proposé contre un chèque de 22 140 francs clés en main se distingue immédiatement par ses bandes de caisse et son lettrage LX de hayon au graphisme qui lui est propre, par ses chapeaux de roues hérités des défuntes 1100 Spécial et par son toit ouvrant, mais aussi par son essuie-glace de hayon, son pare-brise feuilleté, ses vitres teintées et un pré-équipement radio – autant d'équipements en option sur la LX – ainsi que par ses phares à iode et ses garnissages de sièges à rayures en biais. Un dernier coup d'éclat pour la 1100, à l'heure où la presse fait toujours plus de révélations sur le véhicule qui doit lui succéder… Dans le même temps pourtant, cette éton-

Tarif français et catalogue à l'entame du millésime 1977 (octobre 1976)

Modèle selon le libellé officiel du tarif	Tarif en France métropolitaine	Montant minimal du premier versement pour un achat à crédit	Options disponibles
Simca 1100 LE 4 portes 6 CV	19 930 francs	3 986 francs	1, 2, 3, 7, 8, 11, 12, 13
Simca 1100 LE break 6 CV	21 370 francs	4 274 francs	1, 2, 3, 5, 7, 9, 11, 12, 13
Simca 1100 LX 2 portes 6 CV	20 540 francs	4 108 francs	1, 2, 3, 4, 7, 9, 10, 11, 12, 13
Simca 1100 GLX 4 portes 6 CV	21 800 francs	4 360 francs	1, 2, 3, 5, 7, 9, 10, 11, 12, 13
Simca 1100 GLS break 6 CV	22 800 francs	4 560 francs	1, 2, 3, 7, 9, 11, 12, 13
Simca 1100 ES 4 portes 6 CV	22 800 francs	4 560 francs	1, 2, 3, 7, 9, 10, 11, 13
Simca 1100 TI 4 portes 7 CV	25 930 francs	5 186 francs	1, 2, 3, 9
Simca 1100 camionnette bâchée	16 180 francs	3 236 francs	13
Simca 1100 VF1	16 465 francs	3 293 francs	2, 7, 13, 14
Simca 1100 VF2	16 385 francs	3 277 francs	7, 13, 14, 15
Catalogue des options			
1. Essuie-glaces et lave-glaces de phares	385 francs		
2. Peinture métallisée	232 francs (208,80 francs sur VF1)		
3. Toutes glaces teintées	230 francs		
4. Baguettes latérales	-164 francs		
5. Bandes de caisse	164 francs		
6. Mécanique à bas taux de compression	18 francs		
7. Convertisseur de couple	1 633 francs (1 469,70 francs sur VF1 et VF2)		
8. Garnissage drap	gratuit		
9. Garnissage vinyle	gratuit (408 francs sur berline LE 4 portes)		
10. Essuie-glace et lave-glace de lunette arrière	387 francs		
11. Phares à iode	108 francs		
12. Équipement pour autoradio comprenant antiparasitage, câblage, antenne et un haut-parleur	185 francs		
13. Pare-brise feuilleté clair	256 francs (230,40 francs sur camionnette, VF1 et VF2)		
14. Glaces latérales fixes	395 francs		
15. Grilles de séparation avec repose-tête	510 francs		

La transmission Ferodo Verto revient à l'ordre du jour sur les VF1.

Ci-contre.
L'AS, lancée fort récemment, poursuit évidemment sa carrière. En 1978, ce sont 1 197 unités qui sortent d'usine, *a priori* toutes pour la France. C'est peu comparativement aux 4 704 VF1 et 17 090 VF2 produites, mais honorables à côté des 1 585 pick-ups. En tout état de cause, cette déclinaison permet d'assurer encore quelques ventes supplémentaires et de mieux rentabiliser la carrosserie trois portes.

Les 1100 sur les routes de France et de Navarre

Ci-dessus.
Rien moins que cinq berlines 1100 sur cette carte postale de Montreuil-sur-Mer (Pas-de-Calais) de la toute fin des années 1970. La Fiat Ritmo rouge, à gauche, nous emmène tout droit vers les années 1980. Elle concurrence frontalement l'Horizon de Poissy.

La Simca 1100 est l'une des grandes stars des paysages urbains et routiers de la France des années 1970 et 1980. Son omniprésence se retrouve quarante ans plus tard lorsque, un peu curieux, l'amateur d'automobile découvre ou redécouvre avec un peu de nostalgie les parcs automobiles bariolés au détour d'une boîte de cartes postales…

Ci-contre.
Une jolie GLS rouge millésime 1968 pose dans un décor respirant la modernité des années 1960, au Canet-en-Roussillon (Pyrénées-Orientales). C'est l'époque du développement du tourisme balnéaire de masse.

Ci-contre.
Une berline Spécial cinq portes millésime 1971 devance une Renault 4 devant un bureau des PTT de Noisy-le-Sec (Seine-Saint-Denis).

Ci-dessus.
Une 1100 Spécial trois portes voisine avec un break Simca 1500 millésime 1965 devant l'Hôtel de Ville de Saint-Omer (Pas-de-Calais).

Ci-dessus.
Une 1100 LS suit une GLS dans un lieu bien connu des amoureux de Paris. Le Sacré-Cœur veille sur le paysage avec ses dômes et clochetons. Devant les deux Simca, un petit cabriolet Autobianchi Eden Roc.

Ci-contre.
Une Audi 100, une 2 CV AZAM et deux Renault 6 tiennent compagnie à cette 1100 Spécial post-72 à Cavalaire-sur-Mer (Var).

Option sur 1100 LE-GLX - ES-TI

nante bonne à tout faire donne sa carrosserie pick-up à la novatrice Matra-Simca Rancho révélée au Salon de Genève 1977[2].

Millésime 1978 : Passage de témoin en douceur

En cette rentrée 1977, l'arrivée de la future berline moyenne inférieure de Chrysler-Simca est imminente. Celle que certains nomment encore « 1106 » en se fondant sur les nouvelles habitudes prises par Poissy depuis deux ans – mais chacun sait que les habitudes de Poissy n'en sont jamais vraiment ! – est désormais fin prête et l'on s'active en coulisses pour un lever de rideau le 26 octobre 1977, dans le cadre exotique des remparts de Taroudant, au Maroc. En attendant cette nouveauté dont la calandre pointe à l'horizon, la gamme 1100 poursuit sa route, non sans connaître une nouvelle restructuration. Ainsi, la création la plus marquante des dernières années, la LX, est reléguée au rang des souvenirs démodés. La vogue passe vite… Elle connaît toutefois quelques mois de sursis sur certains marchés comme la Belgique, où elle figure encore au tarif de février 1978, et surtout en Espagne[3]. En lieu et place de celle-ci apparaît une LE à trois portes, flanquant la ber-

Ci-contre.
Héritage des LX Spécial qui l'ont étrenné au printemps précédent, toutes les berlines à trois et à cinq portes sont éligibles au montage d'un toit ouvrant coulissant à partir de la rentrée 1977.

Ci-contre.
En janvier 1978, la relève est là : l'Horizon, qui présente à peu près le même encombrement, reprend la même architecture et les cylindrées 1 118 et 1 294 cm^3, le tout sous des atours plus modernes, succède presque poste pour poste à la 1100. La gamme est revisitée en conséquence dans le sens de la simplification : la gamme de tourisme ne comprend plus que les LE trois portes, cinq portes et break, les GLS berline et break. Les GLS reçoivent une calandre héritée des TI et délaissent les chapeaux de roues des GLX pour ceux des LX Spécial. Les LE restent encore fidèles à la calandre chromée des origines.

Ci-dessous.
Les breaks perdent les entourages chromés qui ornaient leurs feux arrière depuis les débuts.

line cinq portes correspondante, mais la berline GLX se maintient, tout comme l'ES et la TI – pour le moment, du moins. Les breaks et utilitaires poursuivent une existence plus stable, conservant leurs déclinaisons respectives : LE et GLS d'une part, AS, VF1, VF2 plateau et VF2 fourgonnette, d'autre part. Les breaks sont dotés du moteur 58 ch à haute compression, les utilitaires du 50 ch à basse compression, sauf s'ils sont dotés de la transmission semi-automatique toujours livrable en option sur les fourgonnettes VF1 et VF2.

La finition des berlines et breaks évolue légèrement en parallèle, avec des garnissages s'inspirant des LX et la possibilité d'opter pour le toit ouvrant coulissant de feues les LX Spécial.

Puis arrive la bombe tant attendue : presque dix ans jour pour jour après la révélation de la 1100, arrive la Chrysler-Simca Horizon. Même longueur, même arrière transformable, même schéma technique, mêmes mécaniques 1 118 et 1 294 cm^3, il ne fait de doute pour personne que la 1100 est appelée à s'effacer plus ou moins progressivement devant cette jeune sœur.

Par conséquent, Poissy recentre la gamme 1100 dès que l'Horizon gagne les concessions, en janvier 1978. Les trois LE (berline trois portes, berline cinq portes et break) continuent leur route. Les GLX, TI et ES, en revanche, tirent leur révérence, alors qu'une berline cinq portes GLS refait son apparition aux côtés de son pendant break, qui évolue légèrement. Ces voitures reçoivent un équipement qui les apparente aux anciennes ES, avec le moteur 58 ch haute compression, une calandre gréée de deux projecteurs additionnels, mais à aubages noirs comme sur les LX et GLX, des projecteurs principaux Cibié H4 à iode, des enjoliveurs de roues façon LX Spécial, un phare de recul, un essuie-glace et un lave-glace de lunette arrière, un volant monobranche, un compteur journalier, une console centrale, une montre, un allume-cigare, des appuis-tête ou encore un pré-équipement radio. Grâce à l'option Super Confort, ces modèles peuvent recevoir un garnissage velours, des contre-portes entièrement recouvertes et des accoudoirs à crosse aux places avant.

2. Voir page 93 et suivantes.
3. Voir page 112 et suivantes.

Ci-dessus.
Au printemps 1978, Chrysler United Kingdom propose une 1100 GLS Special dotée d'un équipement intérieur plus cossu, comprenant une sellerie tendue de velours, des accoudoirs façon « crosse de hockey » sur les portières avant, une montre, un totalisateur kilométrique journalier et un allume-cigarettes, des vitres teintées, un pare-brise en verre feuilleté et des projecteurs additionnels. La calandre est reprise de la défunte TI, avec ses projecteurs principaux à halogène et ses antibrouillards. Elle s'apparente à la GLS Confort vendue en Espagne et représente le pendant à conduite à droite de la GLS option « Grand Confort » portée au catalogue français au cours de l'été 1978.

Ci-dessus et ci-contre.
Et si la 1100 était restylée encore une fois ? Voici une vision de ce qu'aurait pu être une berline dotée des pare-chocs plus épais de l'Horizon. À tout prendre, leur intégration ne jure pas. Le toit clair constitue peut-être moins une réussite. L'on peut penser que cette version a été imaginée pour l'Espagne, où un toit vinyle est monté sur certaines versions.

1979-81 : UNE HORIZON LOW-COST ?

Ci-dessus.
Les LE 1979 reçoivent désormais la calandre des GLS, mais sans projecteurs additionnels ; en somme, il s'agit de la calandre des LX et GLX des années antérieures. Selon le Marketing Chrysler France, les LE sont *« les complices des grandes évasions »* ou encore l'incarnation d'une *« familiale par excellence »*.

Ci-contre.
Sans luxe particulier, les LE offrent ce qu'offrent les voitures polyvalentes économiques de la concurrence, et malgré leur âge, ne déméritent pas quant à leurs qualités intrinsèques par rapport à ces dernières. Notons le volant, qui demeure celui introduit voici une huitaine d'années. Les branches noires modernisent quelque peu cet élément. Le garnissage fait appel à un drap dit, sans grande imagination, « à petits ronds ». La lunette dégivrante est désormais de série.

Ci-dessus. L'intérieur de la GLS est évidemment plus soigné, avec des sièges dont l'ergonomie est héritée des TI et un tableau de bord un peu plus garni, dont l'équipement général est assez similaire à celui introduit sur les GLS à l'automne 1974. Le garnissage rayé étrenné par les LX Spécial remplace depuis la rentrée 1978 le drap à gros pois apparu sur les LX, puis passé aux GLX et aux GLS l'hiver précédent. Une belle sellerie velours peut s'y substituer sur la berline contre un surcoût de 383 francs.

À l'automne 1978, Chrysler France peut se féliciter du lancement commercial réussi de ses Horizon, démontré par les 132 000 unités déjà sorties d'usines au 31 juillet 1978 ! L'état-major se réjouit moins en constatant que sa percée remarquable s'opère largement au détriment des 130X. De plus, la gamme basse, incarnée depuis dix-huit ans par une 1000 aux mille et une vies, a définitivement expiré avec l'été, laissant le constructeur dépourvu d'une petite berline, alors que ce créneau profite justement d'une vogue certaine ; le succès des Ford Fiesta, Fiat 127 ou Peugeot 104 en témoigne. La Chrysler Sunbeam, venue d'outre-Manche, est bien offerte au réseau, mais le public français n'adopte pas cette voiture dont l'allure moderne ne fait pas oublier les dessous passablement périmés.

Ce n'est pourtant pas le fait le plus important de cette rentrée : le 10 août 1978, au cœur des congés d'été, Chrysler Europe et PSA officialisent en effet le rachat du premier par le second. Le troisième constructeur américain, qui n'est jamais parvenu à consolider ses opérations européennes et a grand besoin d'argent frais, permet de la sorte à Peugeot de se trouver maître du quatrième groupe automobile mondial, du premier en Europe. Que de chemin parcouru en cinq ans ! Ces différents facteurs – changement de propriétaire, phase de lancement de l'Horizon – expliquent que pour la première fois depuis de très nombreuses années, l'évolution de la gamme 1100 pour 1979 soit des plus limpide et mesurée.

La structure de l'offre reste celle mise en place quelques mois plus tôt : berline trois portes, cinq portes et break LE,

Ci-dessous. Ce document néerlandais nous montre la gamme des utilitaires 1100 au grand complet, à l'exception de l'AS, réservée au marché français. Tout à droite apparaît la VF3, version surélevée des VF2 proposée à partir de ce millésime. Sur l'ensemble de l'année civile 1979, cette dernière est produite à 2 204 unités, contre 1 671 AS, 5 238 VF1 et 18 056 VF2, reines incontestées de la gamme utilitaire 1100. Avec 325 points de vente et de service, le réseau Chrysler est le plus étendu des réseaux automobiles des Pays-Bas en 1978.

Ci-contre. Nouveau changement de dénomination au Royaume-Uni : les Dodge 1100 Van deviennent désormais Dodge Half-Ton, en référence à leur charge utile. Tous les utilitaires reçoivent cette année la calandre apparue sur les LX et diffusée cette année aux LE.

Ci-dessus. Cette vue arrière d'un pick-up à destination du Royaume-Uni révèle l'imposante plaque « Dodge » apposée à l'arrière. Il ne faudrait pas le confondre avec une Simca !

berline cinq portes et break GLS, utilitaires AS, VF1, VF2 fourgonnette et pick-up. Elle est seulement complétée par un fourgon VF3, c'est-à-dire une VF2 dont le pavillon est encore plus élevé pour offrir près de 3 m^3 de volume dans la soute ! Elle présente ainsi une hauteur de 205,3 cm, quand les VF1 se contentent de 148 cm et les VF2 de 186,3 cm. La transmission semi-automatique reste disponible sur les LE

Ci-dessous. Le 15 juin 1979, *l'Auto-Journal* prend une dernière fois les commandes d'une Simca 1100 pour la comparer à neuf autres rivales économiques. Sans faire d'étincelles, elle ne démérite pas pour autant, surtout pour une voiture comptant déjà douze années de carrière. D'une certaine façon, elle essaie maintenant de succéder aux 1000, disparue à la fin du millésime 1978.

10 appétits d'oiseau

Elles n'ont pas un gros ventre, leur appétit est d'oiseau mais leurs jambes savent quand même être longues. En dépit de la cocasserie de ces traits de caractère, elles n'ont pas été concues par Walt Disney mais par les constructeurs d'automobiles les plus sérieux du monde. Tant que nous ne verrons pas l'essence au tarif (oublié depuis longtemps !) de 1 F le litre, ces petites voitures économiques ont des chances de tenir de plus en plus le haut du pavé... Mais encore faut-il qu'elles le tiennent convenablement !

ANDRE COSTA
Photos : Alain CORROLER et William BOREL

■ Il suffit de reculer d'un pas - d'une malheureuse vingtaine d'années - pour se rendre compte à quel point les étalons auxquels nous nous référons sur le plan automobile ont évolué.

Au temps de la 15-Six Citroën, de la Frégate et de la Vedette, la grande bourgeoise à quatre roues dépassait difficilement 130 km/h. Pour atteindre cette vitesse, il fallait consommer entre 14 et 18 litres aux 100 km et le volume habitable - en longueur surtout - était relativement peu convaincant par rapport aux dimensions hors-tout des carrosseries de l'époque. Aujourd'hui, la grande majorité des petites cylindrées aligne des performances comparables, avec une cylindrée amputée de moitié et si les cotes d'encombrement ont fortement diminué, l'habitabilité a progressé de manière spectaculaire, pour les passagers en premier lieu mais aussi pour leurs bagages, même sous leurs formes les plus encombrantes.

Là ou il fallait 2 litres ou 2,5 litres de cylindrée, 1 100 cm3 suffisent donc aujourd'hui tandis que, parallèlement, les poids ont baissé d'environ 50 %. Ainsi, le progrès est à ce point considérable que si des données d'ordre affectif n'intervenaient pas - souci de standing social, goût du confort de plus en plus exacerbé ou du gadget sous toutes ses formes et, surtout, amour de la chose automobile en général - on pourrait avancer que la grande voiture est devenue inutile.

A tout prendre, il n'est d'ailleurs pas impossible que la taille des carrosseries aille en diminuant ces prochaines années. Les automobilistes américains - qui en la matière viennent de loin, il est vrai - connaissent actuellement une évolution de ce genre mais il est sans doute possible de rogner également sur les carrosseries européennes. De la sorte, les poids baisseraient, la consommation également mais, par contre, les soucis d'ordre aérodynamique qui imposent à priori une certaine longueur de carrosserie - GS et CX par exemple - seraient alors plus ou moins négligés, à moins qu'un emploi subtil du spoiler ne vienne exercer là une influence bénéfique...

La situation étant considérée de cette manière, les dix voitures rassemblées par les soins de L'A.J. ne sont pas sans préfigurer l'une des évolutions vraisemblables de la voiture de demain. Dans une Europe paradoxalement aisée mais privée de pétrole, la solution des deux voitures familiales - une « grosse » roulant peu et une petite d'usage quotidien - sera vraisemblablement adoptée, aussi bien dans les grandes villes que dans les campagnes, comme elle l'est d'ailleurs déjà aujourd'hui par les plus favorisés. Mais, cela étant, la petite voiture actuelle n'est - elle pas d'ores et déjà un engin routier acceptable ?

VOIR PAGE 40

38 39

et les GLS, les LE recevant, le cas échéant, le moteur 58 ch des GLS. Quelques évolutions sont à noter par ailleurs en ce qui concerne la présentation : sur toutes les 1100, la calandre passe désormais au noir avec deux paires de baguettes chromées en haut et en bas, définition apparue en 1974 sur les LX. Des ceintures de sécurité sont désormais montées aux places arrière de toutes les versions qui possèdent une banquette, ce qui entraîne une évolution des panneaux de custode. En outre, toutes les versions reçoivent une prise diagnostic. Enfin, la dotation des VF1 peut être enrichie au moyen d'une option « Confort », comprenant la planche de bord de l'AS – au lieu du tableau de bord apparu en 1970 –, un rétroviseur intérieur jour et nuit, un pare-soleil avant droit et un lave-glace électrique, des sièges avant séparés avec appuis-tête tendus de drap.

Qu'apporte encore la 1100 face à la concurrence ?

Après les 130X en 1975-76, les Chrysler-Simca Horizon enlèvent le titre de Voiture de l'Année 1978-79 en février 1979, devançant l'étonnante Fiat Ritmo et la sérieuse Audi 80, preuve, s'il en fallait, de l'intelligence des conceptions muries de si longues années sur les 1100. Une question peut alors se poser : après douze ans d'une histoire tumultueuse et flanquée de sœurs aussi douées, quels arguments la 1100 peut-elle encore faire valoir sur le marché automobile ? Comment se présente-t-elle à l'orée des années 1980 face à une concurrence qui s'est largement renouvelée au cours de la décennie écoulée ? Un comparatif de *l'Auto-Journal* entre *« dix appétits d'oiseau »* paru le 15 juin 1979 livre quelques éléments de réponse. *« Depuis l'apparition de l'Horizon, la 1100 LE constitue le bas de gamme de la marque, ce qui ne veut pas dire qu'elle en soit le modèle le moins intéressant. Elle est évidemment assez longue – 3,95 m – mais sa compacité procure un volume utilisable important. Dans sa version deux portes – la moins coûteuse –, le système donnant accès à la banquette arrière n'est pas pratique.* [...] *L'ensemble dossier-banquette est simplement emboîté. Son démontage est aisé, mais le plancher n'est pas aussi plat qu'on pourrait le souhaiter. »* Peut-être un peu sévère, pour une voiture qui a tracé la voie à suivre pour toutes ses concurrentes. Laissons parler les chiffres pour d'autres éclairages : Voir tableau ci-dessous. En complément, l'essayeur souligne que la 1100 « est relativement gourmande, mais sa masse est plus importante » que celle des concurrentes du moment ; en somme, le rap-

Ci-dessous.
Avec l'apparition de l'Horizon, la 1100 joue désormais la carte de la voiture low-cost, mais convenablement équipée, rassurante et patiemment mûrie au fil des années. Au printemps 1979, l'acheteur disposant d'environ 28 000 francs peut ainsi faire le choix entre une moderne Horizon LS de base ou une berline 1100 GLS un brin démodée, mais un peu plus cossue. Il peut aussi se tourner vers une voiture de conception, d'âge et de présentation assez proches fabriquée en Yougoslavie, la Zastava dérivée de la Fiat 128. Dans leur immense majorité, les acheteurs préfèrent la 1100. (publicité de 1980)

Modèles essayés par *l'Auto-Journal* le 15 juin 1979	Tarif en France	Puissance fiscale française	Vitesse de pointe	Kilomètre départ arrêté	Kilomètre lancé, depuis 40 km/h en quatrième	Consommation moyenne sur route
Simca 1100 LE trois portes	21 600 FF (4e/10)	6 CV	129,7 km/h (3e/10)	39,0 s (3e/10)	41,6 s (2e/10)	6,7 l/100 km (9e/10)
Autobianchi A112	20 240 FF	5 CV	134,1 km/h	38,0 s	38,3 s	6,15 l/100 km
Citroën LNA	22 700 FF	4 CV	121,1 km/h	44,0 s	43,5 s	6,2 l/100 km
Citroën Visa	23 800 FF	5 CV	122,3 km/h	44,2 s	44,2 s	5,0 l/100 km
Fiat 127	20 650 FF	5 CV	125,3 km/h	38,7 s	43,6 s	5,55 l/100 km
Ford Fiesta	22 300 FF	5 CV	127,2 km/h	39,7 s	43,6 s	5,65 l/100 km
Peugeot 104	24 100 FF	5 CV	126,5 km/h	40,2 s	42,9 s	6,85 l/100 km
Renault 4 L	18 300 FF	5 CV	106,4 km/h	47,3 s	46,7 s	5,9 l/100 km
Renault 5	21 800 FF	6 CV	119,1 km/h	43,2 s	44,8 s	6,1 l/100 km
Volkswagen Polo	21 990 FF	5 CV	130,8 km/h	40,3 s	41,9 s	6,1 l/100 km

Ci-dessus.
Douze mois de garantie contre la corrosion, voilà le nouvel argument que fourbit Poissy pour donner un avantage concurrentiel à ses modèles. Il faut dire que les Simca 1100, mais surtout les Chrysler-Simca 130X et les premières Horizon étaient particulièrement sujettes à la rouille. Les modèles de la concurrence étaient toutefois très loin d'être exempts…

port habitabilité-consommation demeure favorable. « *Grâce à sa cylindrée, elle est plus souple. Le moteur est plus silencieux et possède plus de couple que la moyenne de ses concurrentes. La direction est pesante et la suspension assez raide.* » Quant à l'équipement, il demeure plutôt convaincant, avec un essuie-glace intermittent qu'on ne retrouve que chez deux rivales (Ford Fiesta et Peugeot 104), un thermomètre d'eau, dont ne profitent par ailleurs que l'Autobianchi A112 et la Ford Fiesta, des dossiers réglables, apanage des Citroën LNA et Visa ou de la Fiat 127. Tout juste peut-on déplorer l'absence d'un bouchon d'essence fermant à clé (de série sur la Fiat 127) ou de bacs de portières, qui équipent Ford Fiesta comme Citroën Visa.
Outre ces neuf concurrentes, la 1100 est également aux prises avec une voiture venue de… Yougoslavie, une certaine Zastava Contact. Dérivée d'un produit Fiat, comme les Lada, elle présente sur elles la supériorité d'une conception moderne. Elle dérive en effet de la très intelligente Fiat 128, 6 CV, traction avant, moteur transversal, à laquelle il ne manquait qu'un hayon arrière pour en faire une Simca 1100 à l'italienne… C'est le parti pris par Zastava pour s'imposer, en lançant la 101 en 1971. Avec de telles caractéristiques générales, et même avec sa silhouette, nul doute que celle-ci est faite pour tenter de contrer la 1100 dans ses vieux jours, alors qu'elle n'est plus guère qu'un produit d'appel vendu à bon prix aux côtés de sœurs plus modernes. L'importateur André Chardonnet ne s'y trompe pas, et distribue à compter du 15 juin 1978 l'exécution luxueuse de la 101 d'origine, appelée « 1100 Contact », forte de 64 ch et d'un équipement assez riche. Au prix de 22 319 francs clés en main en juin 1979, sièges avant dotés d'appuis-tête, volant sport, lave-glace électrique, montre, console centrale, et lunette arrière dégivrante sont de série. Dans le même temps, Chardonnet produit un effort publicitaire significatif pour tenter de placer sa poulaine dans la course au succès. En novembre 1979, la gamme est même renforcée avec

Ci-dessus et ci-contre.
Bien des amateurs des voitures de Poissy considèrent que PSA a « tué » Simca/Talbot. C'est oublier la responsabilité de Chrysler dans le renouvellement des gammes et l'investissement publicitaire considérable consenti par PSA après le rachat de Chrysler Europe. Un milliard de francs ont été investis en faveur de Talbot en 1979, dont 200 millions de francs rien que pour la publicité. De nombreux encarts sont passés dans la presse au second semestre 1979 pour faire en sorte d'ancrer la nouvelle identité dans les esprits.

Ci-contre.
Le passage de témoin doit cependant s'opérer en douceur, afin d'essayer de ne pas désorienter complètement la clientèle : pour le millésime 1980, Talbot et le « T cerclé » se substituent à Chrysler et son Pentastar, mais le nom de la « ligne » Simca demeure.
Les 1100 deviennent par conséquent « Talbot-Simca » et, continuant l'habitude prise à Poissy en 1975 sur les 130X puis les Horizon, les voitures sont siglées Talbot à l'avant, Simca sur le hayon.

une 1300 Nogaro dotée d'un 1 290 cm^3 fort de 73 ch : pour les nostalgiques de la 1100 Spécial ? Quoiqu'il en soit, le succès n'est pas tout à fait à la hauteur des espérances, et les ventes restent de l'ordre du millier en France. Loin des scores réalisés par les Lada, très loin aussi des ventes des Simca 1100[1]… la faute sans doute à cette dernière, certes un peu plus chère (26 182 francs au même moment pour la cinq portes GLS), mais autrement plus connue et mieux représentée par un réseau plus étoffé.

1980 : Elle devient Talbot

Le 10 juillet 1979, moins d'un an après le rachat par PSA de Chrysler Europe, ce conglomérat relativement hétéroclite dont Simca reste la marque vedette change d'appellation et devient Talbot. Avec cette opération, PSA concrétise

1. Entre 1973, arrivée de Zastava en France, et 1981, année du retrait des berlines 1100 du marché, les immatriculations sur le marché français ont toujours oscillé entre 724 (1973) et 1 372 unités (1977). En Belgique, les immatriculations ont varié entre 155 (1981) et 802 unités (1976) au cours de la même période. Dans le même temps, les immatriculations de Lada en France ont culminé à 16 603 exemplaires en 1979 et 19 324 en 1981. Dans VERMEYLEN Bernard, Voitures des pays de l'Est, *ETAI, 2008.*

Tarif français et catalogue des options en octobre 1978 (lancement du millésime 1979)

Modèle selon le libellé officiel du tarif	Tarif en France métropolitaine	Montant minimal du premier versement pour un achat à crédit	Options disponibles
Simca 1100 LE 2 portes	20 400 francs	4 080 francs	1, 2, 3, 4, 6, 10, 12, 14
Simca 1100 LE 4 portes	22 100 francs	4 420 francs	1, 2, 3, 4, 6, 10, 12, 14
Simca 1100 LE break	24 700 francs	4 940 francs	1, 2, 3, 4, 5, 14
Simca 1100 GLS 4 portes	25 200 francs	5 040 francs	1, 2, 3, 4, 6, 7, 8, 9, 10, 12, 13
Simca 1100 GLS break	26 900 francs	5 380 francs	1, 2, 3, 4, 8, 11, 12, 14
Simca 1100 AS	20 310 francs	4 062 francs	1, 2, 3, 14, 15, 17, 21
Simca 1100 fourgonnette VF1	19 000 francs	3 800 francs	1, 2, 3, 4, 15, 16, 19, 20
Simca 1100 fourgonnette VF2	18 900 francs	3 780 francs	1, 3, 4, 15, 18, 19
Simca 1100 fourgonnette VF3	18 375 francs	3 675 francs	1, 3, 4, 15, 18, 19
Catalogue des options			
1. Peinture métallisée	267 francs (235 francs sur AS, VF1, VF2 et VF3)		
2. Peinture métallisée vernissée	477 francs (421 francs sur AS et VF1)		
3. Pare-brise feuilleté clair	295 francs (260 francs sur AS, VF1, VF2 et VF3)		
4. Boîte de vitesses semi-automatique Ferodo	1 883 francs (1 660 francs sur VF1, VF2 et VF3)		
5. Moteur à essence ordinaire[2]	21 francs		
6. Toit ouvrant	742 francs		
7. Quatre jantes en alliage léger, avec pneus SR	699 francs		
8. Projecteurs principaux à iode	132 francs		
9. Projecteurs antibrouillard à iode	197 francs		
10. Pare-brise feuilleté et toutes glaces teintées	560 francs		
11. Appuis-tête sur sièges avant	183 francs		
12. Garnissage vinyle	223 francs		
13. Équipement super-confort	383 francs		
14. Équipement pour autoradio comprenant antenne, un haut-parleur et antiparasitage	214 francs (189 francs sur AS)		
15. Ceintures de sécurité à enrouleur	161 francs		
16. Lunette arrière chauffante	235 francs		
17. Lave-glace et essuie-glace de lunette arrière	393 francs		
18. Glaces latérales fixes	446 francs		
19. Grille de séparation avant/arrière	557 francs		
20. Option confort	761 francs		
21. Garnissage drap	gratuit		

Le prééquipement radio est de série sur la berline GLS. De manière assez surprenante, la transmission Ferodo Verto n'est pas au tarif pour les AS.

2. Les années précédentes cette option était dite « moteur à bas taux de compression ».

Ci-dessus.
Vers le printemps 1980, la présentation du logo Talbot change encore : il trouve désormais son identité propre, conforme à la charte graphique de la marque.

Ci-dessus.
L'on n'est pas à une source de confusion près : cette photo de presse de l'été 1979 présente une « Talbot Simca 1100 LS », alors que les tarifs français du constructeur continuent de l'appeler LE jusqu'à l'été 1980. En Belgique, la LE s'appelle bien LS ; elles y possèdent le moteur de la GLS de 58 ch, et non pas le 50 ch des AS et autres fourgonnettes françaises repris par la LE. Sur la tranche du capot, nous pouvons discerner le logo « Talbot » dont le graphisme rappelle l'ancien lettrage « Chrysler » des Horizon, 130X et 1610-2 Litres, monté à l'automne 1979 et à l'hiver 1980.

enfin une démarche jamais aboutie sous l'ère Chrysler Europe, malgré quelques velléités, d'unification complète des gammes à l'échelle européenne.

La résurrection de Talbot par PSA a surpris plus d'un amateur éclairé et probablement presque tous les automobilistes. S'il était évident que le nom Chrysler devait disparaître à la faveur du changement de maison-mère, pourquoi ne pas retenir tout simplement l'appellation Simca ? La manœuvre aurait paru d'autant plus logique que ce label jouissait d'une bonne image en Italie, en Allemagne et au Benelux, qu'il était déjà le seul utilisé en Suède – même les Chrysler 1610-2 Litres y étaient des Simca « seulement » – et que la gamme de voitures particulières espagnoles était entièrement dérivée de modèles de Poissy, même si l'on eut l'idée de lancer les 130X en Espagne sous le vocable Chrysler 150.... Restait surtout le problème du Royaume-Uni. Les Avenger et Sunbeam continuaient en effet la carrière en parallèle des Chrysler Alpine, émules des 130X de Poissy. Pour autant, eût-il été plus aberrant de baptiser ces voitures « Simca » que de les avoir nommées Chrysler en 1976 ? Rien n'est moins sûr… Une autre voie fut cependant choisie, celle de trouver une identité spécifique et commune susceptible de ne froisser personne.

En se penchant sur l'histoire de Chrysler United Kingdom, ex-Rootes, et de Chrysler France, ex-Simca, l'on s'aperçut que, *« par une remarquable coïncidence, les héritiers de la société anglaise Clément-Talbot et de la société française Talbot-Darracq* [s'étaient retrouvés] *pour constituer la branche européenne de Chrysler »*. Aussi, PSA décida, *« le 10 juillet 1979, de lui donner le nom de Talbot pour symboliser à la fois sa vocation européenne et la volonté de conserver "l'esprit Talbot", c'est-à-dire l'amour des automobiles, la passion de les conduire et la volonté de les perfectionner sans cesse »*. Patiemment expliquée dans la publicité remise aux concessionnaires et aux clients potentiels, cette stratégie ne s'accompagne cependant pas du lancement d'un nouveau modèle. Pire, si la gamme Simca de 1973 et sa philosophie axée sur le brio eussent pu correspondre peu ou prou à l'image de la marque Talbot qui restait encore dans la tête de certains automobilistes, que dire de la gamme 1980 ? La sanction du marché est d'ailleurs sans appel : malgré les efforts publicitaires considérables consentis pour PSA pour promouvoir la nouvelle identité ne paient pas. De 1978

Ci-contre.
Pendant quelques semaines, durant l'été 1979, le cartouche « TALBOT » des 1100 est calqué sur son équivalent « Simca » ; il apparaît sur cette photo de berline 1100 GLS.

Ci-contre.
En Suède, la carrière des berlines 1100 s'achève avec le millésime 1980, non sans qu'elles aient pris le matricule Talbot. Pour 1978, la gamme avait été réduite à la berline LE et au break LE (Kombi), alors dotés d'un 1 294 cm³. Depuis 1979, ultimes 1100, qui conservent le matricule LE, sont mues par un moteur 1 442 cm³ délivrant 69 ch DIN à 5 200 t/min et 11,9 mkg à 2 800 t/min. Le break semble avoir tiré sa révérence en 1979. (publicité de mars 1980)

lesquels a été conçue l'Horizon – qu'au Royaume-Uni est en très grande partie responsable de la situation, il est indéniable que cet énième épisode de trop fréquents errements identitaires aura sans doute blessé grièvement le quatrième grand constructeur français. Après deux ans d'efforts promotionnels – Talbot est même inscrit au Championnat du Monde de Formule 1 –, mais dans un contexte où PSA va au-devant d'importantes difficultés financières, la fusion des réseaux Peugeot et Talbot en octobre 1980 a sans doute porté le coup fatal.

Pour l'heure, nous n'en sommes pas encore là, et les Simca 1100, nées avant l'avènement de Chrysler France, deviennent des Talbot-Simca 1100. Curieuse vicissitude de l'histoire pour cette voiture qui n'a plus aucune prétention de luxe ni de performance et ne cherche plus à faire rêver personne…

Imperturbables, les 1100 continuent d'incarner la base de la gamme de Poissy, en attendant un modèle moins cher, véritablement compact et plus moderne. En attendant,

Ci-dessus et ci-contre.
Comme les Simca 1000, les 1100 ont été durablement assemblées à Ain Sabaâ, en banlieue de Casablanca, dans les ateliers de la Somaca (Société marocaine de construction automobile), fondée en 1959 par Fiat et Simca à l'initiative du gouvernement marocain. Au total, 29 268 exemplaires auraient été assemblés sur place. Les données sur ces véhicules sont rares ; nous savons néanmoins que 2 404 berlines et 709 fourgonnettes y ont été montées en 1976, puis 2 320 berlines et 630 fourgonnettes en 1977, et 1 670 berlines ainsi que 337 fourgonnettes en 1978. La documentation sur ces véhicules, donc les renseignements dont nous disposons sont presque inexistants ; restent quelques photos prises dans la rue, comme ces deux clichés de berlines, l'une de 1975-76, l'autre de 1980-81, pris par Yann Le Lay dans les années 2000.

à 1980, la production de Poissy dégringole de 455 270 à 294 891 véhicules montés seulement, soit un niveau qui avait toujours été dépassé depuis la fin des années 1960. Si la mauvaise gestion du renouvellement de la gamme par Chrysler, en proie aux difficultés tant aux États-Unis – pour

Tarif français et catalogue des options au lancement de l'année-modèle 1980 (juillet 1979)

Modèle selon le libellé officiel du tarif	Tarif en France métropolitaine	Options disponibles
Talbot-Simca 1100 LE 2 portes	22 950 francs	1, 3, 5, 6, 8
Talbot-Simca 1100 LE 4 portes	24 950 francs	1, 3, 5, 6, 8
Talbot-Simca 1100 LE break	27 700 francs	1, 3, 6, 7, 8
Talbot-Simca 1100 GLS 4 portes	28 300 francs	1, 2, 3, 4, 5, 6, 8
Talbot-Simca 1100 GLS break	30 100 francs	1, 3, 5, 6, 8
Talbot-Simca 1100 AS	23 000 francs	1, 3, 6, 9, 12
Talbot-Simca 1100 VF1 fourgonnette	21 600 francs	1, 3, 8, 9, 10, 13
Talbot-Simca 1100 VF2 fourgonnette	22 000 francs	1, 3, 8, 9, 11, 13
Talbot-Simca 1100 VF3 fourgonnette	22 800 francs	1, 3, 8, 9, 11, 13
Talbot-Simca 1100 camionnette bâchée	21 600 francs	1, 3, 9
Catalogue des options		
1. Peinture métallisée vernissée	600 francs (520 francs sur AS, VF1, VF2, VF3 et camionnette bâchée)	
2. Projecteurs principaux à iode	150 francs	
3. Pare-brise feuilleté clair	450 francs (400 francs sur AS, VF1, VF2, VF3 et camionnette bâchée)	
4. Pare-brise feuilleté et toutes glaces teintées	950 francs	
5. Garnissage vinyle	350 francs	
6. Équipement pour autoradio comprenant antenne, un haut-parleur	300 francs (260 francs sur AS)	
7. Moteur bas taux de compression	150 francs	
8. Boîte de vitesse semi-automatique Ferodo	2 500 francs (2 205 francs sur VF1, VF2 et VF3)	
9. Ceintures de sécurité à enrouleur	220 francs	
10. Lunette arrière chauffante	360 francs	
11. Glaces latérales fixes	550 francs	
12. Garnissage drap	Gratuit	
13. Grille de séparation avant/arrière	700 francs	

Ci-contre.
Pour le millésime 1981, l'arabesque qui ornait le centre du volant des GLS les précédentes années cède la place au T cerclé ; sur les LS, le volant à trois branches des années précédentes est reconduit. Le tissu rayé issu des GLX cède la place à un tissu plus sobre, plus conforme à la mode de ce début de nouvelle décennie. La sellerie des LS est semblable.

Ci-dessous.
En ce début de décennie 1980, les productions Talbot, ex-Chrysler Europe, connaissent les pires difficultés. Même les modèles récents et bien nés que sont les Horizon pâtissent douloureusement de la transition. De 221 269 véhicules montés en 1979, la production de ces modèles a en effet fondu de 28,2 % en 1980, pour plafonner à 158 809 unités. Dans ce contexte, chaque vente compte, et c'est ainsi que l'on revoit apparaître quelques encarts publicitaires consacrés aux 1100 à l'été 1980. Le slogan, *« l'affaire du marché »*, illustre le positionnement comme véhicule « low-cost » voulu par le constructeur afin de combler la vacance de son bas de gamme. L'effort est louable, mais peu concluant : après 12 329 ventes en France en 1979, seulement 6 645 unités sont écoulées dans l'Hexagone au cours de l'exercice 1980.

toutes les versions du millésime précédent poursuivent leur route. Quelques détails seulement distinguent les 1100 1980 de leurs homologues de l'année-modèle précédente : le break GLS reçoit désormais des appuis-tête en série et le cartouche « Simca » de capot est remplacé d'abord par un cartouche « TALBOT » de même graphisme, puis un lettrage « TALBOT » fin, qui lui-même cède sa place au lettrage « TALBOT » plus épais mieux connu, qui subsiste jusqu'à la fin de la marque. À l'arrière aussi, les badges évoluent en parallèle du changement d'appellation.

1981 : derniers tours de roue pour les 1100 de tourisme

Un an après le changement d'identité de la marque, pourtant opéré à grand renfort de publicité, force est de constater que les productions de Poissy sont en posture délicate sur le marché tricolore. Il faut croire que cet énième tour de passe-passe, après tous ceux qui ont pollué leur carrière depuis une décennie aura été celui de trop. Privée de modèle de base, encore plus nécessaire depuis le deuxième choc pétrolier, lésée par un marketing erratique, mais aussi par une trop forte proximité entre les 130X devenues 1510 et les Horizon, la gamme a encore bien besoin du renfort des 1100 pour sauver les meubles : quelques dizaines de milliers de voitures de plus par an, c'est toujours cela de pris, d'autant que le modèle est très largement amorti. Alors, la 1100 devient Talbot 1100 « tout court », sans connaître d'évolution très significative. Tout juste peut-on relever le montage d'un compteur kilométrique à six chiffres au lieu de cinq, et, sur les GLS, d'un centre de volant recevant un « T cerclé », nouvelle effigie de la marque, en lieu et place de l'arabesque qui s'y trouvait depuis plusieurs années. En fait, le changement le plus important est invisible, avec le montage du moteur 58 ch des GLS dans la carrosserie des LE qui, par voie de conséquence redeviennent… LS. Notons que cette évolution avait déjà eu lieu pour le millésime 1979 sur le marché belge.

En juillet 1981, Talbot décide de mettre un terme à la carrière de cette vétérane. Celle qui a donné à Poissy ses plus beaux jours depuis la seconde moitié des années 1950 n'est plus. La Samba, petit à petit introduite sur les chaînes et commercialisée à partir de novembre 1981, constitue une offre plus logique pour une entrée de gamme en cette entame de décennie. Seules les versions utilitaires et la Rancho continuent désormais leur route.

Ci-contre. Fait totalement étonnant : la brochure anglaise éditée le 15 février 1981 mentionne toujours l'appellation « Dodge Half-Ton »… alors que le capot s'est bien garni d'un lettrage « TALBOT » !

Tarif français et catalogue des options de septembre 1980 (début du millésime 1981)

Modèle selon le libellé officiel du tarif	Tarif en France métropolitaine	Options disponibles
Talbot 1100 LS 3 portes	26 600 francs	3, 4, 5
Talbot 1100 LS 5 portes	28 700 francs	2, 3, 4, 5
Talbot 1100 LS break	32 200 francs	3, 4, 5
Talbot 1100 GLS 5 portes	32 500 francs	1, 2, 3, 4, 5
Talbot 1100 GLS break	34 600 francs	1, 2, 3, 4, 5
Talbot 1100 AS	26 600 francs	3, 4, 7, 10
Talbot 1100 VF1 fourgonnette	25 150 francs	5, 6, 7, 8, 11
Talbot 1100 VF2 fourgonnette	25 600 francs	5, 7, 8, 9
Talbot 1100 VF3 fourgonnette	26 500 francs	5, 7, 8, 9
Talbot 1100 camionnette bâchée	25 150 francs	7
Catalogue des options		
1. Projecteurs principaux à iode	160 francs	
2. Garnissage vinyle	380 francs	
3. Équipement pour autoradio comprenant antenne, un haut-parleur et antiparasitage	330 francs (290 francs sur AS)	
4. Peinture métallisée vernissée	650 francs (570 francs sur AS)	
5. Boîte de vitesses semi-automatique Ferodo	2 700 francs (2 380 francs sur VF1, VF2 et VF3)	
6. Lunette arrière chauffante	400 francs	
7. Ceintures de sécurité à enrouleur	250 francs	
8. Grille de séparation avant/arrière	750 francs	
9. Glaces latérales fixes	600 francs	
10. Garnissage drap	gratuit	
11. Équipement confort	1 050 francs	

Fait notable, pour la première – et seule – fois cette année, les carrosseries coach et berline sont dénommées « 3 portes » et « 5 portes ».

Les 1100 utilitaires, des modèles prisés pour les réalisations hors-série !

Alors que ce sont généralement les bases plus huppées ou sportives qui tiennent le haut du pavé quand il s'agit de réalisations en marge de la série, les Simca 1100 font quelque peu exception à la règle : dans leur cas, ce sont les fourgonnettes et autres camionnettes bâchées qui tiennent un rôle de premier plan ! Outre les véhicules de glaciers ou de sapeurs-pompiers, grands classiques du genre, et sans même parler des Rancho – que nous évoquerons largement plus loin –, nous pouvons en effet compter aussi une palette de véhicules adaptés à la mobilité de personnes en fauteuil roulant, au camping, aux loisirs sportifs ou encore au transport de bestiaux réalisés dans toute l'Europe.

Ci-contre.
Ce véhicule distribué en RFA en 1981 semble retenir le même principe.

Ci-dessus.
En 1977 aux Pays-Bas, Auto Bierman propose cette adaptation d'une Fourgonnette (alias VF2) pour le transport de personnes en fauteuil roulant. Le compartiment arrière est généreusement vitré pour son passager, mais la raideur de la rampe semble quand même peu pratique pour l'accompagnateur, qui doit déployer une force certaine pour l'y faire entrer. Les enjoliveurs de roues de GLS cherchent à atténuer l'aspect utilitaire de la voiture.

Ci-dessous.
Plus sophistiquée est la version suisse Simca Mobile de 1978. « Nous avons trouvé une solution étonnante. Nous avons modifié une camionnette d'après le système Smulder. Et voilà le résultat : le Simca Mobile. Une voiture qui s'incline devant l'handicapé. Les amortisseurs arrière font office de cylindres hydrauliques d'élévation et d'abaissement. Le fauteuil roulant peut être introduit sans difficulté par l'accompagnateur. Et après, c'est le départ pour un voyage enchanteur ». L'abaissement et le rétablissement en position horizontale sont commandés par un bouton sur la porte arrière droite.

Ci-dessus et ci-contre.
En RFA, le réseau de concessionnaires Faber propose un camping-car Week-End sur base Citylaster (VF2). Dotée d'une protection de soubassement pour minimiser les risques de l'aventure dans les chemins non revêtus, ce véhicule propose une couchette de 190 x 137 cm suffisante pour deux personnes, des vitres latérales coulissantes, deux banquettes, une table mobile et démontable, une ventilation par le toit et des décors latéraux dans l'air du temps. Une compagne idéale pour les voyages au long cours sur les routes d'Europe dont les Allemands d'alors étaient si friands ! Ces deux clichés sont issus d'un feuillet de 1980.

Ci-dessus et ci-dessous.
Dans la veine d'une tradition remontant aux origines de l'aventure automobile chez Heuliez, le carrossier propose en 1980 des versions spécifiquement adaptées au transport de différents animaux, moutons, cochons ou poneys.
Ainsi, la version dédiée au transport de poneys, basée sur la fourgonnette surélevée VF3, possède des aérations sur l'arrière du pavillon, une rampe d'accès et un bac d'étanchéité en polyester antidérapant au niveau du plancher. Différentes remorques assorties sont également disponibles. Le feuillet dédié à ces véhicules mentionne bien que la présentation extérieure est reprise de la série ; la calandre de Rancho, les jantes spécifiques et la peinture spécifique ne sont pas livrées d'office sur ces voitures. « Photo non contractuelle », devrait-on écrire aujourd'hui !

Ci-contre.
Quelques années plus tôt, vers 1975, cette autre variante de camping-car réalisée en Allemagne de l'Ouest présentait des transformations de carrosserie plus substantielles.

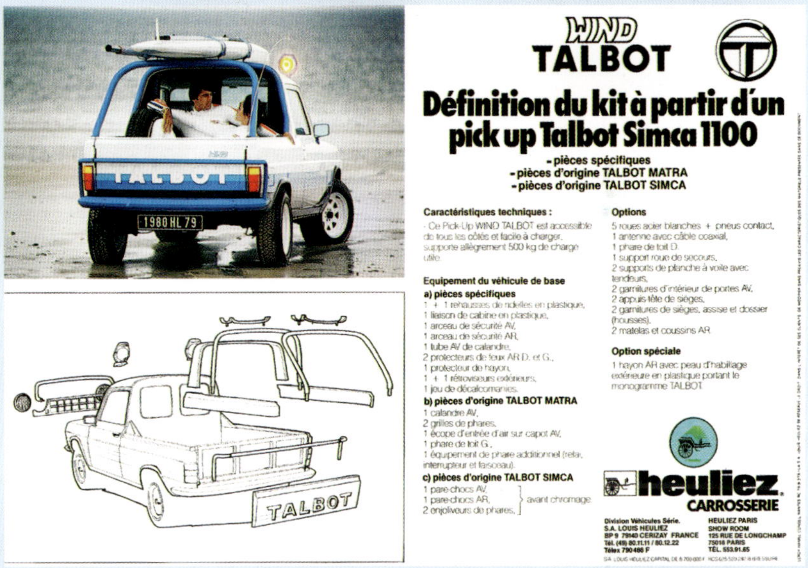
WIND
TALBOT

Définition du kit à partir d'un pick up Talbot Simca 1100

- pièces spécifiques
- pièces d'origine TALBOT MATRA
- pièces d'origine TALBOT SIMCA

Caractéristiques techniques :
- Ce Pick-Up WIND TALBOT est accessible de tous les côtés et facile à charger, supporte allègrement 500 kg de charge utile.

Equipement du véhicule de base
a) pièces spécifiques
1 + 1 rehausses de ridelles en plastique,
1 liaison de cabine en plastique,
1 arceau de sécurité AV,
1 arceau de sécurité AR,
1 tube AV de calandre,
2 protecteurs de feux AR D. et G.,
1 protecteur de hayon,
1 + 1 rétroviseurs extérieurs,
1 jeu de décalcomanies.
b) pièces d'origine TALBOT MATRA
1 calandre AV,
2 grilles de phares,
1 écope d'entrée d'air sur capot AV,
1 phare de toit G.,
1 équipement de phare additionnel (relai, interrupteur et faisceau).
c) pièces d'origine TALBOT SIMCA
1 pare-chocs AV, } avant chromage
1 pare-chocs AR, } avant chromage
2 enjoliveurs de phares. } avant chromage

Options
5 roues acier blanches + pneus contact,
1 antenne avec câble coaxial,
1 phare de toit D.
1 support roue de secours,
2 supports de planche à voile avec tendeurs,
2 garnitures d'intérieur de portes AV,
2 appuis-tête de sièges,
2 garnitures de sièges, assise et dossier (housses),
2 matelas et coussins AR.

Option spéciale
1 hayon AR avec peau d'habillage extérieure en plastique portant le monogramme TALBOT.

heuliez
CARROSSERIE

Division Véhicules Série.
S.A. LOUIS HEULIEZ
BP 9 79140 CERIZAY FRANCE
Tél. (49) 80.11.11 / 80.12.22
Télex 790 486 F

HEULIEZ PARIS
SHOW ROOM
125 RUE DE LONGCHAMP
75016 PARIS
TÉL. 553.91.65

En haut et ci-dessus.
En 1980, Heuliez renouvelle sa proposition de véhicule de loisirs sur base de Simca 1100. Après l'échec de la Saharienne une douzaine d'années plus tôt, le carrossier de Cerizay présente un pick-up qui se veut dans le vent : la Wind. Le feuillet édité pour la naissance de cette Rancho de poche détaille les multiples aménagements disponibles.

JAMES BROWN
CHRYSLER SIMCA DODGE

227–229 KING STREET · CASTLE DOUGLAS · KIRKCUDBRIGHTSHIRE
Telephone: Castle Douglas 2762/2476 · Est. 1832
V.A.T. Number: 262 8410 65

DODGE PICK-UP FIBRE GLASS CANOPIES

Illustrated below is an example of our custom made fibre glass canopies for fitment to the Dodge Pick-Up, with Tail Gate Extension.

THE CANOPY IS HELD IN POSITION BY MEANS OF EASILY RELEASED TOGGLE CLIPS AND IS SUPPORTED AGAINST THE CAB BY BUTTERFLY WING NUTS. THE CANOPY CAN BE REMOVED IN FIVE MINUTES.

PRICE: £150.00
PLUS V.A.T. CARRIAGE EXTRA.

Tail Gate Extension £27.50
PLUS V.A.T.

COLOURS AVAILABLE:
WHITE; RYLANDS 3756 SIGNAL RED; RYLANDS 11040 TRAFFIC YELLOW; RYLANDS 7706 LIGHT TEAK.

TRADE TERMS ON APPLICATION.

Phone G. B. TWISS — CASTLE DOUGLAS 2476

Directors: C. ROBSON · R. R. BROWN · M. R. H. BROWN · L. A. BROWN
MAIN DEALER CHRYSLER UNITED KINGDOM

Ci-contre.
James Brown, concessionnaire Chrysler United Kingdom à Castle Douglas (Écosse), propose des éléments en plastique adaptables au pick-up.

Ci-contre.
Toujours en 1980, Heuliez propose aussi une déclinaison dotée d'une cellule réfrigérée.

Ci-contre.
Changement de visage pour le millésime 1983 : la calandre et les pare-chocs sont désormais uniformément noirs. Le chrome est en effet passé de mode.

Ci-contre.
Pour le millésime 1984, les roues changent : dans un souci d'économies d'échelle, ce sont désormais celles des Horizon LS, LD et GL. Ici, une Talbot Half-Ton anglaise, qui conserve les pare-chocs chromés.

1982-85 : LES UTILITAIRES SEULS EN PISTE

Forts d'un succès qui ne s'est jamais démenti depuis leur lancement, les versions utilitaires VF de la 1100 se maintiennent au catalogue malgré l'arrêt du modèle de tourisme qui leur a donné naissance. Seule l'AS disparaît, faisant les frais de l'arrêt des autres 1100 à trois portes. Cette pratique, chère à Peugeot depuis des décennies, permet d'offrir à la clientèle des véhicules parfaitement au point et fiables à un prix très compétitif tout en se garantissant une marge satisfaisante grâce à l'amortissement des différents éléments qui les composent. Naturellement, le constructeur continue de leur apporter régulièrement de petites retouches afin de les maintenir à la page. À compter du millésime 1982, tous les modèles se voient dotés d'une nouvelle version du moteur 6 CV, 1 118 cm³ bien connu qui, tout en continuant de se satisfaire d'essence ordinaire, développe 55 ch DIN au lieu de 50, et un couple maximal de 9,1 mkg DIN à 3 000 t/min au lieu de 7,8 au même régime. L'option Confort est toujours disponible sur la VF1 et se trouve même étendue aux VF2 et VF3, tout en évoluant légèrement. Avec cette option, les roues sont dotées d'enjoliveurs, l'habitacle est mieux insonorisé, les garnitures de portières, de toit, d'auvent et de sièges sont plus soignées, tandis que l'équipement gagne le volant de la Talbot Solara, un deuxième pare-soleil, un pré-équipement radio, un rétroviseur jour et nuit ainsi qu'un tapis de bas de marche. L'originale possibilité – pour des utilitaires – de se passer du changement de vitesse disparaît, mais les VF2 et VF3 sont désormais livrables dans une

A gauche.
Jusqu'aux derniers moments, les 1100 utilitaires écoulées au Royaume-Uni sont restées fidèles au combiné d'instrumentation de 1967.

Ci-dessous.
Les versions à conduite à gauche avaient reçu, pour 1971, le tableau de bord à cadrans ronds des LS. Elles conservent cet ensemble jusqu'en fin de carrière. L'option «Confort» permet d'obtenir un intérieur plus cossu.

Tarifs français et catalogue des options des utilitaires, millésimes 1982 à 1985

Modèle selon le libellé officiel du tarif	Tarif en France métropolitaine (hors taxe) juin 1981 – AM 1982	Tarif en France métropolitaine (hors taxe) juillet 1982 – AM 1983	Options disponibles
Talbot 1100 fourgonnette VF1	24 100 francs	26 152,61 francs	1, 2, 3, 5
Talbot 1100 fourgonnette VF2	24 475 francs	26 499,66 francs	1, 2, 4, 5, 6
Talbot 1100 fourgonnette VF3	25 425 francs	27 340,82 francs	1, 2, 4, 5,6
Talbot 1100 camionnette bâchée	24 100 francs	26 152,61 francs	1
Catalogue des options			
1. Ceintures avant à enrouleur	225 francs	223,10 francs	
2. Grille de séparation avant/arrière	675 francs	694,10 francs	
3. Lunette arrière chauffante	382,50 francs	393,63 francs	
4. Glaces latérales fixes	525 francs	545,36 francs	
5. Option confort	925 francs	966,78 francs	
6. Adaptation pour fonctionnement au gaz de pétrole liquéfié (GPL)	4 500 francs	4 883,47 francs	

Modèle selon le libellé officiel du tarif	Tarif en France métropolitaine (hors taxe) décembre 1983 – AM 1984	Tarif en France métropolitaine (hors taxe) juillet 1984 – AM 1985	Options disponibles
Talbot 1100 fourgonnette VF130 025 francs	32 050 francs	1, 2, 3, 5	
Talbot 1100 fourgonnette VF2	30 400 francs	32 450 francs	1, 2, 4, 5
Talbot 1100 fourgonnette VF3	31 600 francs	33 725 francs	1, 2, 4, 5
Talbot 1100 camionnette bâchée	30 025 francs	32 050 francs	1
Catalogue des options			
1. Ceintures avant à enrouleur	235 francs	260 francs	
2. Grille de séparation avant/arrière	1 097 francs	840 francs	
3. Lunette arrière chauffante	420 francs	450 francs	
4. Glaces latérales fixes	615 francs	660 francs	
5. Option confort	1 075 francs	1 160 francs	

exécution permettant le fonctionnement au gaz de pétrole liquéfié (GPL).

Les modèles 1983 voient leur calandre virer entièrement au noir ; leurs pare-chocs évoluent de la même manière. Les modèles 1984 se distinguent par l'adoption de nouvelles jantes issues de la gamme Horizon de même que d'un pare-brise feuilleté. L'adaptation au fonctionnement au GPL tire sa révérence en parallèle, à l'été 1983. Puis le rideau tombe début 1985. Les utilitaires 1100 ne peuvent plus lutter avec la concurrence renouvelée, Renault Express en tête. La Citroën C15, commercialisée à partir d'octobre 1984, lui succède moralement pour le groupe PSA, avec le succès que l'on sait.

Ci-contre. Les VF2 ont également été distribuées en Suède à partir de 1973, rejointes par le pick-up en 1975. Ces versions, dénommées localement Fixaren, sont mues d'abord par le moteur 1 294 cm^3, puis par la mécanique de 1 442 cm^3 montée aussi sur les berlines à destination de ce pays. Elles restent *a priori* au programme d'importation jusqu'en 1985. Sur ces versions, le tableau de bord est celui qui équipait les berlines 1975-1981. Ici, des modèles 1982.

Ci-contre. La Norvège n'a pas été en reste : la VF2 s'y nomme Talbot High Top. Sur la couverture de ce document commercial de 1983, nous notons des jantes partageant le dessin avec celles des Rancho.

DES FOURGONNETTES FAMILIALES : LES ANCÊTRES DES LUDOSPACES

Dans les années 1980 se développe la mode des fourgonnettes aménagées en petites familiales spacieuses, rustiques et très peu chères à l'achat comme à l'entretien. Cette vogue, qui fait naître des Fiat Fiorino et des Renault Express pourvus d'un vitrage et d'une banquette arrière a engendré la lignée des ludospaces actuels, composée notamment des Citroën Berlingo/ Peugeot Partner, Renault Kangoo ou encore Fiat Doblo. Sur différents marchés européens, la même vogue a été suivie par les fourgonnettes 1100 ; autant de versions qui ont aujourd'hui toutes sombré dans l'oubli !

TALBOT Kompaktlaster

PKW-Kombi

Ab sofort bieten wir Ihnen den erfolgreichen TALBOT Kompaktlaster als PKW-Kombi mit folgender Zusatzausstattung an:

- **Sitzbank**
  für zwei zusätzliche Sitzplätze, Stahlrohrgestell, rilsanbeschichtet, Sitz- und Rückenfläche aus 5 mm Sperrholz mit Pu-Schaum. Gepolsterte Schutzleiste in Kopfhöhe.
- **Verkleidung zum Fahrerhaus**
- **Kunststoffbeschichteter Griff an der Hecktüre**
- **Rutschfeste Gummimatte**
- **Trenngitter**
  mit Kopfpolstern zwischen Fahrerhaus und Laderaum
- **Zwei Seitenscheiben**
  380 × 1 125 mm in Gummirahmen
- **Zwei Profilbleche**
  zur Verstärkung der Seitenwände
- **Sicherheitshammer mit Halterung**

Die Zusatzausstattung ist schnell und problemlos zu demontieren.

Technische Änderungen ohne vorherige Ankündigung vorbehalten.

Ci-dessous.
En 1983, Peugeot-Talbot propose pour le marché italien des versions assez étonnantes des Canguro : avec leurs tours de roues et bas de caisse noirs, leurs pare-chocs épais et leur coffre de toit, avec aussi la possibilité d'équiper l'arrière pour le transport de passagers, elles essaient de rester dans le coup face aux Fiat Fiorino.

Ci-dessus.
Les Allemands ont droit à cette curieuse version de la VF2 dite « Kompaktlaster PKW-Kombi », alias « fourgonnette-break de tourisme » avec une banquette installée perpendiculairement à la route, des glaces latérales de 38 cm haut sur 112,5 cm de large, une poignée intérieure sur les portes arrière et un marteau de sécurité. Il n'est pas fait mention en revanche du décor de caisse comme d'un élément compris d'office dans cet aménagement.

Ci-contre.
Dès le milieu des années 1970, Dormobile propose le montage d'une banquette rabattable pour le marché anglais. La 1100 Van (notre VF1) se mue alors en familiale en cas de besoin. Gageons que les passagers arrière étaient reconnaissants à leur chauffeur d'envisager aussi… le montage de glaces latérales.

NOW SIMCA 1100 VAN BECOMES THE FASTEST LITTLE BIG TWO-SEATER/FOUR-SEATER IN THE BUSINESS.

NOW YOU SEE IT. NOW YOU DON'T.

Now you can have the best of both worlds with the Simca 1100 van.

When you need to be in the moving business, Simca 1100 gives you a massive 55 cubic feet of carrying capacity and an easy-load cantilevered single rear door.

And when you want to load the whole family in (with all their bulky goods and chattels), you can… with the new Dormobile rear-seat conversion kit. It literally turns your Simca van into a comfortably spacious estate. (Without having to pay a penny more for car tax or Road Fund licence).

Simca's new now-you-see-it-now-you-don't conversion kit can be fitted to any Simca 1100 van in a few hours by your Chrysler/Simca dealer. Or you can do it yourself.

Two full-size, deeply upholstered, matching seats fold flat to form part of the van's floor area when you don't want them. And snap into place for two extra passengers when you do.

It's as simple as that. And it turns your Simca 1100 van into a car for all reasons.

THE SIMCA 1100 VAN'S PROVEN LIST OF STANDARD FEATURES.

- ✲ Less than 13 ft. in length for easy parking.
- ✲ Heavy duty rear torsion bars to bolster tough all-round independent suspension.
- ✲ Heavy duty 12-volt battery that charges even when you're idling.
- ✲ Front disc brakes and radial tyres all round.
- ✲ 55 cubic feet loadspace and large single rear door.
- ✲ Strong safety grille behind front seats (removeable for four-seater conversion).
- ✲ Tough and reliable five-bearing 1118 cc engine with transverse front-wheel drive.
- ✲ Fully adjustable heater/ demister.
- ✲ Two-speed wipers and electric washers.
- ✲ Rack-and-pinion steering for manoeuvrability.

AND NOW IT COMES WITH TWO EXTRA FOLDAWAY SEATS.

Turn over and read all about it……..

THE NEW DORMOBILE SEAT CONVERSION KIT FOR ALL SIMCA 1100 VANS.

WHAT YOU GET.

The kit consists of a deeply-sprung double seat 36" wide richly upholstered in black vynide that fits neatly behind the existing driver/passenger seat.

When folded away, a clear level van floor is retained for maximum load capacity. When unfolded, the seat provides ample hip, shoulder and leg-room for two extra passengers.

Fittings with the kit include lining for the seat-well, a rubber floormat and trim, and all catches, brackets, rivets and screws necessary for installation.

This Simca/Dormobile conversion kit has been approved by H.M. Customs and Excise for exemption from Car Tax.

HOW IT WORKS.

Both the back and base of the seat hinge down into the floorwell, leaving a completely level load area inside the van.

When the seat is in an upright position, it clips firmly at either side to prevent movement.

Passengers have access to the extra seats by folding forward either of the van's regular front seats. When the extra seat is in position, the safety grille at the rear of the driver's seat should be removed.

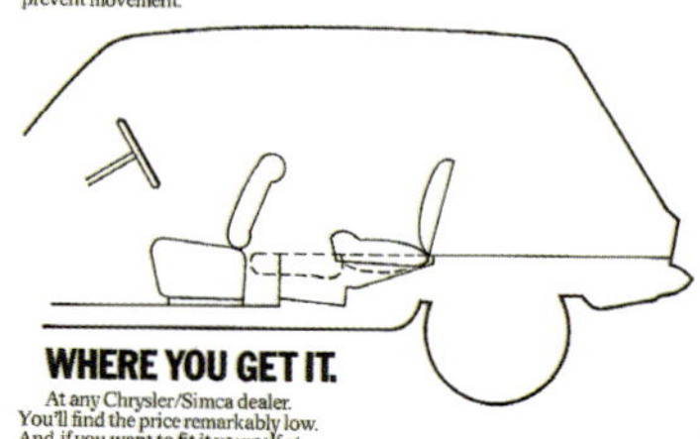

HOW YOU INSTALL IT.

Your Chrysler/Simca dealer can fit the extra seat for you in a few hours at very little cost. However, should you wish to do it yourself, comprehensive and simple to follow instructions are included with every seat conversion kit.

WHERE YOU GET IT.

At any Chrysler/Simca dealer. You'll find the price remarkably low. And, if you want to fit it yourself at home, he'll even have it delivered to your door, free of charge.

Dormobile

CHRYSLER UNITED KINGDOM

LA 1100 DES CHAMPS : LA RANCHO

Au Salon de Genève de mars 1977, Matra-Simca crée l'événement en présentant une voiture d'un type nouveau : la Rancho. Issue du projet P12 lancé au cours de l'été 1975 sous l'impulsion de Philippe Guédon et du coup de crayon d'Antoine Volanis, elle se caractérise en effet par une conception encore assez peu répandue, inspirée des Chevrolet Blazer, Dodge Ramcharger ou Jeep Cherokee américains et du Range Rover anglais : une voiture capable de sortir des sentiers battus tout en conservant une certaine élégance, et surtout l'agrément d'une berline. Jamais un constructeur français ne s'était aventuré sur ce terrain : la rusticité des Citroën Méhari ou des Renault Rodéo 4 et 6 n'autorise nulle comparaison avec une berline de tourisme ! La Rancho, c'est un savant mélange des genres et d'organes d'origine Chrysler-Simca. A ce titre, elle est un peu une 1100, que Philippe Guédon connaît bien, puisqu'il a contribué à sa conception. La base est celle des fourgonnettes 1100 VF2. D'ailleurs, la calandre, les ailes avant et la partie avant de la cellule-habitacle ne trompent pas : malgré un maquillage de baroudeur – calandre noire et pare-chocs portant deux projecteurs additionnels, esquisse de pare-buffle, protections latérales et élargisseur d'ailes en polyester –, l'on reconnaît bien ces traits présents sur les routes depuis près d'une décennie. Des roues en acier embouti de 14 pouces et une suspension spécifique renforcée surélèvent l'engin afin de lui conférer une garde au sol suffisante dans les chemins creux. La partie arrière, pour sa part, tire profit de toute l'expérience de Matra dans le domaine de la carrosserie en matière synthétique acquise depuis sa coopération avec René-Bonnet, puis sa reprise en 1964 ; un vaste compartiment surélevé et largement vitré en polyester renforcé assure le confort des passagers et permet d'engloutir un chargement conséquent. Sur le plan mécanique, c'est encore une Chrysler-Simca ; 1308 GT pour la mécanique 1 442 cm^3, qui appartient elle aussi à la grande famille des moteurs Poissy étrennée par la 1100, 1307 pour la boîte et le pont. La planche de bord ne dépayse nullement les possesseurs de 1100 non plus… L'utilisation de tous ces éléments, largement amortis par ailleurs sur des productions de très grande série, permet à Matra de produire le véhicule au moindre coût, en se garantissant donc les meilleures marges tout en donnant à l'acheteur l'assurance que sa voiture, même si elle ne ressemble pas à celle de monsieur Toulemonde, sera facile à entretenir. Afin de s'assurer de la fiabilité de l'ensemble, les équipes

Ci-contre. L'arrivée prochaine d'une nouvelle Matra-Simca est annoncée en couverture de l'*Auto-Journal* le 1er décembre 1976. Depuis le début du partenariat entre Chrysler France et Matra noué presque sept ans plus tôt, cette relation fructueuse a déjà débouché sur de glorieux succès en course et la mise en marché de l'original coupé Bagheera. Signe des temps, le partenariat originellement centré sur le sport se réoriente vers la production de véhicules de niche complétant utilement la gamme de Poissy.

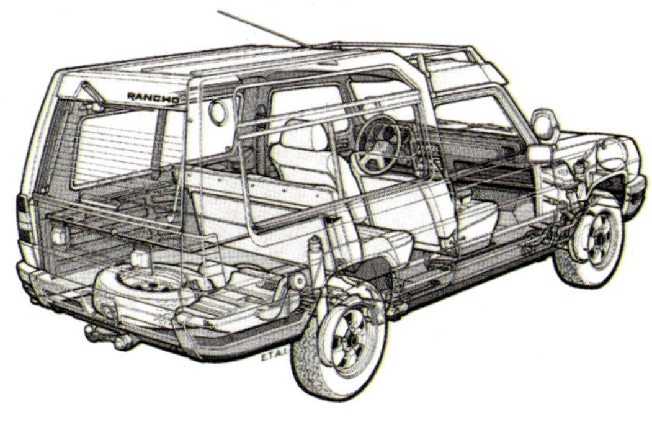

Ci-contre. Après avoir reçu des renforts de structure, un réservoir en plastique pour plus de sécurité, de grandes roues, les circuits de freinage sont issus des 1100 TI, un moteur de Simca 1308, un tableau de bord de 1100 GLX, divers éléments de décor spécifiques et une bulle arrière en polyester renforcé, voici le résultat : une Matra-Simca Rancho. Selon Philippe Guédon, *« C'est la recette du pain perdu appliquée à l'automobile »* !

Ci-contre. Le montage de la coque en polyester renforcé dans les ateliers Matra. L'on peut également observer la découpe modifiée des passages de roues afin d'y adapter les protections latérales réalisées en polyester stratifié. La mise en production du Rancho a supposé le réaménagement de l'usine de Romorantin. L'objectif de production de départ était fixé à 25 000 unités au total.

Ci-contre.
Après les essais presse organisés dans le massif des Maures en avril 1977, *l'Auto-Journal* fête la belle saison en présentant le compte rendu de sa prise en mains le 1er mai 1977, qui met l'accent sur l'intelligence de ce véhicule. France-Soir écrit pour sa part : « *créé pour les grandes randonnées, ce rat des villes et des champs peut, tout à la fois, vous permettre de traverser le désert du Ténéré, de descendre de Paris à Nice à 120 km/h de moyenne et de transporter, si besoin est, quantité de colis encombrants voire des meubles de grandes dimensions. Enfin, on peut également y dormir* ». La communication interne de Chrysler France se fait bien sûr le relais efficace de ces bons mots pour conforter un réseau qui explore, avec la vente de cette voiture, une aventure nouvelle.

Ci-dessus.
Aux places avant, le conducteur est clairement dans une confortable voiture de tourisme, et à l'évidence dans une 1100 ! Le tableau de bord est celui des berlines et breaks de grande série ; le dessin du volant se trouve aussi dans les berlines GLX, mais un macaron « Rancho » identifie le véhicule. Les sièges rappellent les 1100 TI et LX, mais leur garnissage est spécifique.

de Matra ont fait parcourir plus de 300 000 kilomètres d'essais sur tous les terrains à la Rancho avant de lui faire faire ses premiers pas en clientèle et aux mains de la presse. L'ensemble forme un véhicule de 432 cm de long, 166,5 cm de large et 173,5 cm de haut, doté de quatre à cinq places, dont deux sur des sièges confortables à l'avant, deux ou trois sur une banquette rabattable à l'arrière, à la silhouette atypique, mais plaisante.
De plus, le Rancho présente un équipement qui n'a rien d'un engin rustique : sièges confortables et dotés d'appuis-tête, lunette arrière dégivrante avec essuie-glace et lave-glace, projecteurs principaux H4 ou encore un pare-brise feuilleté sont au rendez-vous. Seules les TI sont à pareille fête dans la gamme 1100 ! La dotation peut encore être enrichie de nombreuses options de confort (deuxième banquette arrière repliable dos à la route ou lit couchette, glaces teintées vertes), d'aspect (jantes en alliage léger, peinture métallisée) ou encore pour transformer la voiture en véritable baroudeuse (treuil électrique, protection tous chemins, etc.). Même si la Rancho est proposée sous une version unique, il est donc possible de la personnaliser à merci et de lui donner des visages fort différents.
Trois mois après le Salon de Genève, à compter du 2 juin 1977, la Rancho s'offre aux acheteurs en trois coloris (Rouge Comanche, Vert Tonic Métallisé ou Beige Ispahan) contre un chèque de 35 995 francs, alors que le Range Rover, doté il est vrai d'un moteur V8, coûte presque exactement le double, soit 70 680 francs clés en main.
L'*Auto-Journal*, qui annonçait son lancement dès le 1er décembre 1976, éclaire ses lecteurs sur les qualités et les défauts de cette nouvelle machine dès le 15 mai 1977. Sur la route, les performances sont tout à fait satisfaisantes. Avec 80 ch DIN à 5 600 t/min, 12 mkg DIN à 3 000 t/min, 145,6 km/h en pointe, kilomètre départ arrêté en 37,1 s, kilomètre lancé à 40 km/h en quatrième en 41,3 s, la Rancho se conduit comme une berline sans jamais peiner dans le flot de la circulation : « *son utilisateur éprouvera le sentiment d'avoir entre les mains une véritable voiture de tou-*

MATRA SIMCA
RANCHO

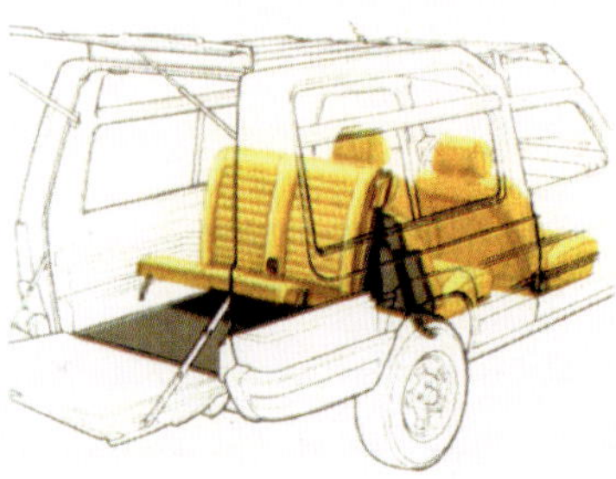

Ci-contre.
Le véritable « plus » de l'habitacle se trouve dans le coffre, qui peut être complètement libéré pour diverses cargaisons (la charge utile est de 500 kg) ou installer une seconde banquette, dos à la route, disponible en option. Il peut aussi être converti en espace de camping en recevant une couchette amovible.

Ci-dessous.
La Rancho, c'est une balade insouciante, seul, en couple ou en famille. Parmi d'autres opérations de lancement, nous avons retrouvé cet étonnant 45 tours d'un air composé et dirigé par Jo Moutet. « *Pada bada bada ba bada bada da…* ».

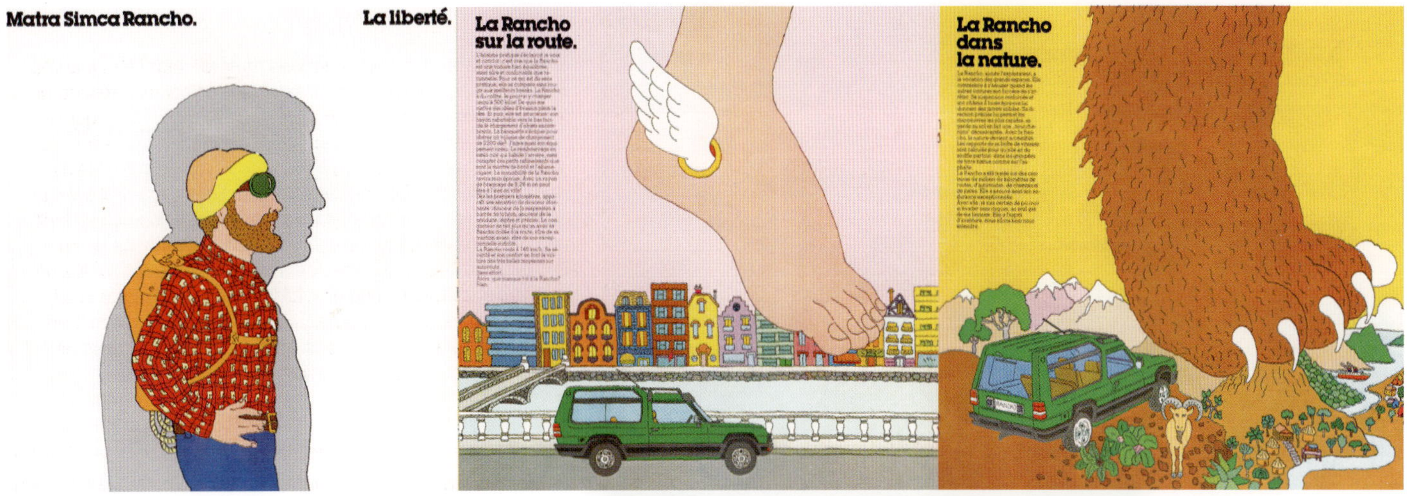

Ci-contre. Si le catalogue français est diffusé aussi en Belgique, le document destiné au marché allemand pour le millésime 1978 se présente sous une forme plus sérieuse, en adéquation avec la fameuse « rigueur germanique », mais toujours en soulignant la vocation de la voiture : *« la limousine de l'aventurier »*. En Italie, la voiture s'appelle « Ranch ».

Ci-dessus. Le catalogue diffusé pour l'année-modèle 1978 cherche à illustrer le caractère ambivalent et ludique du véhicule. L'esprit *hippie* et insouciant d'avant le premier choc pétrolier n'est pas encore totalement oublié ; les étudiants de 1968, devenus trentenaires et potentiellement pères ou mères de famille, sont une cible privilégiée pour la Rancho.

risme ». Le rapport final de la transmission est néanmoins jugé *« extrêmement discutable »* : jamais avare de petites phrases, André Costa écrit à ce propos que *« les ponts trop longs font les veaux trop lents »* ! La consommation, quant à elle, demeure dans les mêmes eaux que celle des 1307 GLS et 1308 GT, avec une moyenne de 7,15 l relevée par l'essayeur. La suspension, avec ses barres de torsion avant longitudinales de 18 mm et sa barre stabilisatrice arrière de même diamètre, issues de la 1100, sa barre stabilisatrice avant au diamètre plus fort – 21 mm contre 20 –, ses barres de torsion arrière transversales au diamètre porté de 20,9 mm à 22,2 mm et sa garde au sol théorique de 21 cm, offre un *« bon compromis entre la fermeté d'une suspension susceptible de quitter la route et le confort que souhaite néanmoins l'utilisateur. […] La Rancho se comporte comme une très honnête voiture de tourisme, mais elle sait dévaler un chemin creux sans tout casser. »* Sur le plan esthétique, ce dernier considère qu'elle *« représente un moyen terme sympathique entre le Land et le Range Rover, sans pour autant sacrifier exclusivement au snobisme »*.

En somme, « *la Rancho constitue pour Matra et Simca une exploration intelligente d'un marché qui se développera vraisemblablement dans les années à venir. Simultanément, cette voiture représente un élément de diversification enrichissant pour la gamme des deux marques et utilisant en grande partie le matériel déjà existant. Trois couches d'acheteurs devraient être touchées par ce véhicule : les*

Ci-dessous. En 1978, le couturier André Courrèges offre sa vision de la Rancho. La voiture se pare de blanc à l'intérieur comme à l'extérieur, rehaussé discrètement par une casquette verte de pare-brise, des protections latérales marron et un porte-bouteille marron dans les contreportes et un volant spécifique à jante en bois. Contrairement à la Bagheera Courrèges qui a trouvé la voie des concessions, la Rancho Courrèges est demeurée un exemplaire unique, au regard de son prix de fabrication trop élevé.

Ci-dessous. Pour l'année-modèle 1979, l'habitacle se pare de tissu écossais. À 39 950 francs en octobre 1978, la Rancho est 13 050 francs plus chère qu'un break 1100 GLS et 4 750 francs plus onéreuse qu'une 1308 GT dont elle reprend le moteur. Il ne s'agit donc pas d'une voiture accessible à toutes les bourses, ce qui rend son succès d'autant plus remarquable.

Ci-contre.
Pour la première fois en ce millésime 1980, les Rancho arborent la nouvelle appellation « Talbot-Matra », mais surtout se déclinent sous une gamme de quatre modèles distincts de sorte à faciliter le choix des clients dans la longue liste des équipements disponibles en fonction de leurs besoins et de leurs aspirations. En haut à gauche, la Rancho de base est axée « route », avec un pont plus court pour plus de nervosité et l'absence d'équipements baroudeurs de série. La Rancho X, en haut à droite, se caractérise aussi par la lettre « X » apposée sur la carrosserie. Vendu 49 700 francs, soit 1 900 francs de plus que la Rancho de base, il reçoit un équipement plus cossu toujours orienté vers un usage routier. Les projecteurs orientables montés près du montant de pare-brise visibles ici restent donc une option, disponible aussi sur l'entrée de gamme. En bas à gauche, la déclinaison Grand Raid est celle du véritable aventurier : la roue de secours sur le toit et les projecteurs de capot le montrent ostensiblement. Enfin, en bas à droite, la Rancho AS est une stricte deux places, configuration adaptée à la fiscalité française qui permet à la clientèle professionnelle de récupérer la TVA (17,6 %). Elle reçoit six crochets d'arrimage pour stabiliser le chargement et une tôle derrière les sièges pour l'arrêter. Un crochet d'attelage est offert en série. Son tarif s'élève à 38 980 francs TTC à la rentrée 1979.

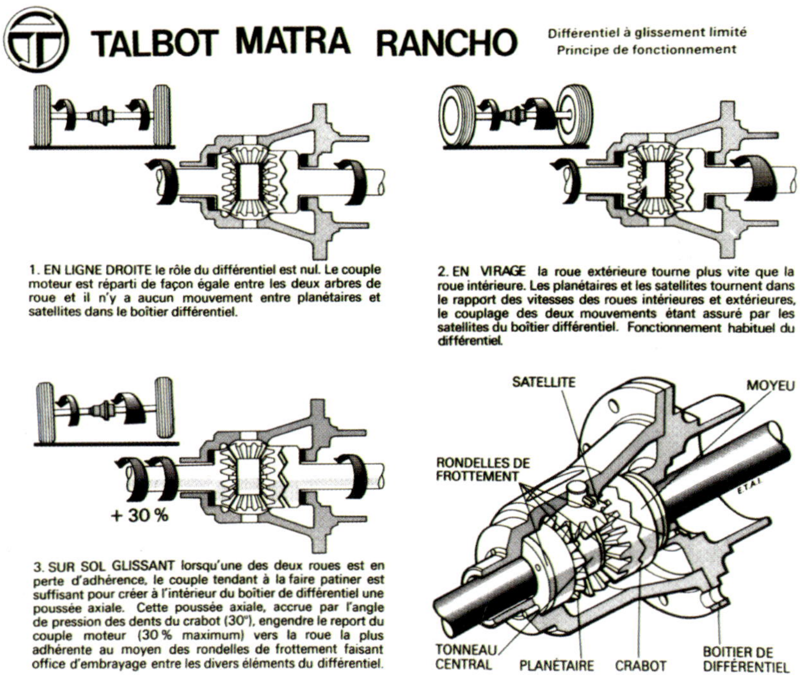

Ci-contre.
Les Rancho sont des baroudeurs, mais pas des 4x4 : l'installation d'une telle transmission aurait supposé des investissements conséquents qui se seraient traduits par un tarif nécessairement plus élevé, obstacle à une large diffusion. Avec ses pneus à crampons et son différentiel à glissement limité montés de série, la Rancho Grand Raid ne donne cependant pas que dans l'esbroufe : l'aventure hors des sentiers battus et sur des sols glissants est vraiment possible. Le dossier de presse de l'année-modèle 1980 explique le fonctionnement et l'intérêt pratique de ce dispositif.

uns seront attirés par l'aspect symbolique de la carrosserie tandis que les autres la considéreront comme un véritable engin d'évasion. Une troisième catégorie d'utilisateurs estimera enfin que le Rancho est un break spacieux et économique, parfaitement utilisable dans nos provinces. Sauf pour les conducteurs déjà expérimentés à ce point de vue, la définition exacte du véhicule risque cependant d'être mal évaluée, aussi bien par une part du réseau que par les acheteurs. Certains demanderont trop à la Rancho... et d'autres pas assez ! Considérée comme un symbole, la voiture est déjà satisfaisante : il lui reste à être proposée avec les options permettant d'envisager réellement son utilisation hors du goudron. Sans les quatre roues motrices, la Rancho ne pourra jamais se livrer aux joies du tout-terrain intégral et très accidenté, mais elle sera quand même capable de traverser le Sahara sans encombre. » Forte de ses arguments, la Rancho rencontre évidemment son public : 9 780 exemplaires sont produits pour les derniers mois du millésime 1977 et le millésime 1978.

Pour le millésime 1979, la sellerie s'habille en série d'un garnissage de drap écossais bordé de vinyle au lieu d'une tenue tout vinyle ; cette dernière reste cependant disponible en option. Parmi les autres changements de détail à signaler, l'adjonction d'une jauge à essence électronique avec témoin de niveau et d'un témoin d'usure des plaquettes de frein au tableau de bord, le remplacement de l'accoudoir côté passager par une dragonne, le montage de ceintures de sécurité aux places arrière. À l'extérieur, l'on note la suppression du crochet d'attelage (devenu optionnel) et le montage de répétiteurs de clignotants sur les ailes avant.

Par ailleurs, le constructeur annonce dès l'automne 1978 la possibilité prochaine de demander le montage d'une ver-

Ci-contre.
Preuve du sérieux avec lequel il faut considérer la Rancho Grand Raid en usage tous chemins, l'*Auto-Journal* la compare au Land Rover V8 pour son numéro du 1er novembre 1979. Sans doute moins efficace que l'anglais lorsque le terrain devient très difficile, la Rancho est aussi infiniment plus confortable et pratique au quotidien. Pour l'acquéreur éventuel, tout est donc affaire de compromis en fonction de ses besoins… et de son budget.

Ci-contre.
En ce millésime 1980, Talbot a des envies d'évasion. Entre la Heuliez Wind et la Rancho qui s'affiche en partenariat avec le fabricant d'équipements pour les sports nautiques Jeanneau, un air de dépaysement et de sportivité souffle sur le T cerclé. Une série spéciale Loisir présentant des garnissages spécifiques, des roues blanches, une carrosserie Blanc Névé, des monogrammes bleus ainsi que des bandes de caisse et des autocollants (ces derniers à poser par le client) voit le jour. Au total, 376 exemplaires auraient été distribués. Il s'agit de créer une image fraîche et jeune à la nouvelle marque.

Ci-dessus.
Les Rancho s'aventurent loin, très loin, jusqu'en Suède. C'est à destination de ce pays qu'a été édité ce catalogue pour 1980. Particulièrement lorsqu'il est chaussé de pneus adéquats et d'un différentiel à glissement limité, le véhicule est totalement adapté aux conditions de route et à l'esprit proche de la nature des Scandinaves.

sion à bas taux de compression de la mécanique 1 442 cm^3 se contentant d'essence ordinaire. Délivrant 78 ch DIN à 5 600 t/min et un couple maximal de 11,8 mkg DIN à 3 000 t/min avec une compression de 8,8 : 1 et un carburateur double corps.

Les premiers changements significatifs interviennent pour 1980. Au premier coup d'œil, les véhicules du nouveau millésime se reconnaissent à leur lettrage « TALBOT-MATRA » apposé sur la tranche du capot avant. La gamme est par ailleurs élargie. À la Rancho « classique » sont adjointes une version X et une déclinaison Grand Raid. La version de base se voit dotée d'un rapport de pont raccourci de 3,706 : 1 à 3,937 : 1 de sorte à permettre une conduite plus dynamique. La Rancho X se caractérise avant tout par son équipement plus complet, avec notamment un voltmètre, un compte-tours électronique, une banquette arrière dotée d'appuis-tête intégrés, des garnissages en tweed, un bouchon d'essence fermant à clé, des glaces teintées bronze ou encore des jantes en alliage léger de série et une peinture métallisée, mais reste inchangée sur le plan mécanique.

La Rancho Grand Raid se démarque par le montage de la mécanique à bas taux de compression disponible aussi en option sur les autres Rancho. Elle ajoute à l'équipement de la version de base divers éléments pour affronter plus efficacement encore les vicissitudes des escapades hors des sentiers battus : différentiel à glissement limité, treuil électrique, crochet d'arrimage, deux pneus dits « bab-terre » à gros crampons et protections des dessous de caisse font partie de la dotation de série. À l'intérieur, les sièges et contre-portes reçoivent des garnissages à losange, qui s'harmonisent avec une carrosserie peinte en Vert Maquis évocateur d'aventure.

A fortiori lorsqu'elle revêt la tenue « Grand Raid », la Rancho serait-elle en quelque sorte entre le Land Rover et le Range Rover ? C'est en tout cas ce que laisse à penser les essais parallèles d'une Rancho Grand Raid et d'un Land Rover V8 parus dans l'*Auto Journal* du 1er novembre 1979. Moins chère (de 39 800 à 54 800 francs, contre 58 190 à 61 190 francs pour le britannique), beaucoup moins gourmande (9 l d'essence ordinaire en moyenne aux 100 km contre 17,1), nettement plus civilisée et prompte aux longs trajets routiers en famille (142,9 km/h en pointe contre 118), mais plus exposée malgré ses protections et moins efficace en quittant le bitume, surtout en dehors des chemins battus, la Rancho est davantage un véhicule de compromis que le Land Rover, même mû par une noble mécanique. Jugé à l'ère des SUV, il demeure d'une modernité étonnante…

Pour les entrepreneurs, la Rancho devient aussi livrable en version AS ; cette version, adaptée à la fiscalité française et réservée à la France, est une Rancho de base qui se passe de banquette arrière de sorte à être éligible à l'exonération de TVA. Cette version conserve un rapport de pont de 3,706 : 1.

Sous le capot de ces quatre versions qui forment à présent une véritable gamme, la mécanique 1 442 cm^3 est modernisée par l'adjonction d'un allumage transistorisé à effet

Ci-dessous.
En 1980, Talbot propose en Allemagne cette série spéciale Davos, du nom de la très chic station de ski suisse.

Ci-contre.
Celles que les publicités de presse nomment « *Topless Rancho* » sont les grandes nouveautés de la gamme de la rentrée 1980 : les Rancho Découvrables, sortes de Méhari de luxe, se caractérisent par leur arrière abrité par une simple bâche. La Découvrable normale coûte 53 300 francs sur le marché français à son lancement, contre 51 600 francs pour la version de base et 56 200 francs pour la déclinaison X. La version Découvrable AS coûte 46 900 francs TTC, soit 1 500 francs de plus que l'AS normale. Le différentiel à glissement limité et les protections de dessous de caisse sont disponibles en option sur les Découvrable, Découvrable AS et AS.

Hall ainsi que d'un régulateur de tension électronique incorporé à l'alternateur. Cette politique de l'extension apparente de l'offre ne porte cependant pas tous ses fruits : de 12 954 exemplaires fabriqués pour le millésime 1979 – le meilleur pour la Rancho –, la production chute à 9 783 unités pour l'année-modèle 1980 ; elle ne va plus que décroître progressivement.

Pourtant, la gamme s'étend encore en septembre 1980 : la Rancho se décline désormais en découvrable. Avec son arrière qui troque toit fixe et vitrage contre des éléments amovibles souples, la Rancho devient une sorte de landaulet, ou encore une Méhari très embourgeoisée. Cette version se caractérise aussi par une sellerie spécifique et le montage en série d'un attache-remorque et deux teintes de carrosserie qui lui sont propres : Terre Battue et Vert Sologne. Disponible aussi en exécution AS sans banquette arrière, cette version ne rencontre qu'un succès fort mesuré. Toutes les autres déclinaisons de la Rancho sont reconduites et ne connaissent guère que des évolutions de détail, avec le montage d'une banquette arrière rabattable en deux fractions (sauf sur les AS, dépourvues de banquette) ou le montage d'un compteur kilométrique à six chiffres au lieu de cinq.

Après deux années de floraison de nouveaux modèles, la gamme Rancho est pour la première fois réduite pour le millésime 1982. Les Découvrable et Découvrable AS tirent déjà leur révérence à l'été 1981, après n'avoir été produites respectivement qu'à 450 et 150 exemplaires environ. Les Grand Raid les suivent dans la tombe sans pouvoir s'en extraire, malgré leur âme de baroudeuse... Leur production est toujours restée de l'ordre du tiers de celle des Rancho X, soit environ 1 200 exemplaires au total sur deux années-modèles. Pourtant, leur âme survit dans la gamme

Ci-dessous.
Catalogue 1981 de la Rancho pour le marché anglais. Le nom Matra n'est absolument pas mis en exergue, alors qu'il était, du temps de Chrysler Europe, le seul utilisé outre-Manche pour cette voiture, jusqu'à habiller seul la tranche de son capot jusqu'à l'été 1980. L'on aperçoit aussi le volant à droite et le montage inversé de l'essuie-glace arrière.

Ci-dessous.
Rancho, Rancho X, Rancho AS : de six versions proposées pour l'année-modèle 1981, la gamme 1982 est réduite à trois modèles en France, à deux ailleurs, puisque l'AS n'est pas vendue dans les autres pays. Toutes les versions reçoivent désormais des rétroviseurs carénés plus modernes.

Talbot-Matra, puisque les options disponibles permettent peu ou prou de la reconstituer. Les trois modèles restants s'identifient par le montage de nouveaux rétroviseurs plus au goût du jour tandis que le cache-bagages rigide proposé en option depuis le début de la carrière de la voiture et en série sur la X cède sa place à un élément souple. La X, justement, troque son intérieur tweed pour des garnissages velours. Elle gagne par ailleurs des jantes en alliage léger au dessin revu et corrigé ainsi que des vitres latérales supérieures réfléchissantes afin de préserver les passagers d'un soleil trop puissant. Elle se pare toujours uniquement de teintes métallisées, Titane et Cannelle, disponibles en option seulement sur la Rancho de base et refusées à l'AS. Une très longue liste d'options reste proposée pour personnaliser le véhicule ; parmi les nouveautés de l'année, nous pouvons relever notamment l'arrivée d'une option climatisation avec échangeur sur le pavillon avant.

Passées ces dernières évolutions, la carrière des Rancho n'est plus qu'une fin en pente douce, sans le moindre fait réellement marquant ni pour le millésime 1983 ni pour le millésime 1984, sur fond de déconfiture de Talbot et de difficultés financières de PSA. Les dirigeants de Peugeot et de Citroën ayant écarté le projet de monospace P18/P20, la firme de Romorantin se voit en effet contrainte de se tourner vers un autre partenaire ; en janvier 1983, Matra rachète les 45 % de son capital qui appartenaient à PSA et un accord est signé dès avril 1983 avec Renault en vue de la commercialisation du futur véhicule, connu aujourd'hui sous le nom d'Espace[1]. Après que 2 883 derniers exemplaires ont été produits au début de ce dernier millésime, portant le total à 56 457 unités[2], elles perdurent jusqu'à début 1984 en concessions, le temps découler quelques stocks, puis s'en vont…

Ci-dessus.
En octobre 1981, la Rancho X fait l'objet d'une série limitée de cent exemplaires dénommée Midnight. En cohérence avec son appellation, sa carrosserie se pare d'une teinte spécifique Noir Pur alliée à des monogrammes et à une bande de caisse rouges. Des chromes judicieusement disposés sur la face avant les poignées de portes, la galerie de toit et en bordure des vitrages latéraux rehaussent encore cette parure exclusive. Les garnissages intérieurs sont également propres à cette voiture dans une harmonie de gris clair. L'équipement est notamment enrichi d'une chaîne stéréo.

---

1. D'après CHABBI Mohammed, Philippe Guédon, l'homme de l'Espace*, ETAI, 2003.*

2. Les chiffres de production que nous citons dans ce chapitre sont largement issus du site www.matra-passion.com.

Ci-dessous.
L'AS reste au programme en France jusqu'à la fin de la carrière de la voiture, aux côtés des Samba AS et 1100 VF. Cette page présente son compartiment arrière dépourvu de sièges et doté d'une butée protégeant les sièges avant de la cargaison, et, de façon plus anecdotique, mentionne pour la première fois, *le* Rancho.

Ci-contre.
Entraînées dans le tourbillon de la déconfiture de Talbot et de la remise en cause du partenariat avec Matra qui va de pair, les Rancho n'évoluent plus guère passé le millésime 1982. Nous voyons ici une Rancho X en couverture du catalogue belge de l'année-modèle 1984, semblable à l'édition française, mais sans l'AS.

Le Rancho AS est doté d'un moteur 8 chevaux, 1442 cm³ de cylindrée développant 80 ch DIN (57,2 kW ISO) à 5600 tr/mn, puissant et fiable qui vous emmène allègrement partout.

La suspension est à 4 roues indépendantes renforcée par des barres de torsion et une barre antidevers à l'avant et à l'arrière.

Le système de freinage est assisté, à double circuit, avec disques à l'avant.

Robuste, le Rancho AS est pourvu de tous les équipements d'une grande berline : pare-brise feuilleté, allumage électronique pour démarrer instantanément, sous toutes les latitudes et par tous les temps, et tableau de bord doté d'instruments de contrôle vous libérant de toute préoccupation tels que : témoins d'usure des plaquettes de freins avant, de niveau mini de carburant ou d'huile moteur.

Avec deux sièges séparés tendus de drap, munis d'appuis-tête et à dossiers inclinables, le Rancho AS sait recevoir. Il sait aussi qu'en affaires on n'aime pas les suppléments, aussi s'est-il équipé en série de : montre électrique, totalisateur kilométrique journalier, allume-cigares, équipement pour autoradio, 4 projecteurs à iode - dont 2 longue portée -, feux de recul et feu arrière de brouillard, lave-vitre/essuie-vitre de lunette arrière complété par un dégivrage/désembuage efficace.

Pour les week-ends et si vous êtes adepte de la nature par tous les temps, de jour comme de nuit, des options vous sont proposées pour faciliter votre évasion : différentiel à glissement limité et protection inférieure, crochet de remorque.
Le rancho AS connaît son affaire pour vous aider dans la vôtre.

LES 1100 EN AMÉRIQUE DU NORD :

UNE PETITE SIMCA SUR LES TERRES DES GROSSES CHRYSLER (1968-71)

Ci-dessus.
Le 24 septembre 1968, c'est par cette photo de famille que Chrysler annonce officiellement l'avènement des Simca 1204 aux États-Unis. Toutes les carrosseries, sauf la Commerciale, sont au programme. Le break cinq portes est annoncé pour novembre 1968. Le principal signe distinctif de la carrosserie est constitué par les feux de gabarit disposés aux quatre coins des véhicules en réponse à une récente évolution de la législation locale.

L'histoire de Simca en Amérique du Nord est bien antérieure au lancement de la 1100 : l'aventure commence en effet dès le début des années 1950. A la fin de la décennie et à la faveur de la reprise de 15 % du capital de la marque à l'Hirondelle par Chrysler à Ford en 1958, des Simca ont traversé l'Atlantique Nord en nourrissant des rêves de grande carrière. A cette époque, les constructeurs américains délaissant de plus en plus les petites voitures en faisant grossir leurs modèles chaque année un peu davantage, alors que le marché de la seconde voire de la troisième voiture ne cesse de prendre de l'ampleur, bien des constructeurs européens entendent s'arroger une place de choix. Parmi les constructeurs français, le Double-Chevron Citroën, le Lion Peugeot, mais aussi la Doyenne Panhard et surtout la Régie Renault bataillent ferme pour conquérir le cœur des Américains, rêvant de reproduire le succès, peu évident au départ et pourtant chaque jour plus affirmé, de la Volkswagen. Alors que Renault compte subjuguer les États-Unis et le Canada avec ses Dauphine à moteur arrière, Simca y envoie ses Aronde, Ariane et Vedette. L'Hirondelle et le Pentastar tablent alors sur rien moins que 60 000 ventes annuelles en misant sur l'appui du réseau de concessionnaires du groupe Chrysler ! L'apparence de voitures américaines réduites au pantographe de ces modèles n'y fait cependant rien ; ces objectifs s'avèrent hors de portée[1]. Débarquée dès 1962, la berline Simca 1000, malgré ses arguments face à la Coccinelle, dont ses quatre portes, sa ligne plus moderne et sa fabrication par une société appartenant à un constructeur américain, ce qui est susceptible de faire vibrer la fibre patriotique des acheteurs potentiels, ne parvient pas non plus à s'imposer ; pas davantage que le joli coupé qui en dérive. Pour autant, les ventes ne sont pas totalement ridicules : les exportations de Simca 1000, berlines et coupés, atteignent 15 353 unités en 1965, avant de plonger régulièrement, à 10 691 véhicules en 1966 puis 6 778 en 1967. Le succès initial de la Dauphine ne se réédite donc pas pour sa plus grande rivale française… Alors, pourquoi ne pas tenter le même pari qu'en France ? Pourquoi ne pas essayer d'imposer une voiture aussi intelligente que la petite 1100 en Amérique du Nord ? Quitte à ne pouvoir battre la Volkswagen avec ses propres armes, ne vaut-il pas mieux tenter l'originalité pour se démarquer ? En parallèle de la 1000 restylée, devenue 1118 en recevant un moteur dérivé de celui qui équipe les 1000 Spécial européennes, le réseau Plymouth s'apprête donc à accueillir nos Simca 1100 à partir de l'automne 1968 sous le matricule 1204.

Ci-contre.
Les Simca sont vendues dans le réseau Plymouth aux côtés des produits Rootes, appelés localement Sunbeam. L'appellation « Runabout » et l'assimilation à un coupé cherchent à faire adhérer les Américains à une formule automobile dont ils n'ont absolument pas la culture à l'époque. Pour l'anecdote, Ford retient ce même vocable les années suivantes pour ses petites Pinto.

Comme pour la 1118, l'appellation commerciale des 1204 fait directement référence à la cylindrée du moteur. En Amérique du Nord comme ailleurs, la contrainte du système fiscal français n'existe pas ; la décision d'augmenter la cylindrée a été d'autant plus facile à prendre que cette capacité de 1 204 cm³ existe déjà sous le capot des coupés 1200 S. Les similitudes s'arrêtent toutefois là, car sous le capot des voitures américaines, le moteur rageur

1. En sens inverse, les ventes de fabrications américaines de Chrysler en Europe par l'intermédiaire du réseau Simca européen jusqu'à la fin des années 1970 sont également restées anecdotiques. Exception notable, les Dart, devenues des voitures nationales en Espagne.

coiffé de deux carburateurs Solex à double corps délivrant 80 ch DIN à 6 000 t/min et un couple maximal haut perché à 4 600 t/min avec une compression de 10,25 : 1 laisse ici sa place à une exécution beaucoup plus sage procurant 62 bhp SAE (63 ch DIN) et un couple de 65 ft-lbs (8,9 mkg) avec une compression de 8,7 : 1 et un carburateur simple corps Solex. Cette exécution plus civilisée paraît plus adaptée à une voiture polyvalente sans velléité sportive... et au mode de conduite des Américains.

Break et berline trois portes, break et berline cinq portes sont tous quatre au programme d'importation. Pour bien marquer sur leur singularité, mettre en avant leur praticité tout en les distinguant de vulgaires utilitaires, les spécialistes du marketing retiennent l'appellation Back-Door Runabout pour les berlines dans les différentes publicités. Les breaks, quant à eux, sont tout simplement baptisés Station Wagon. La gamme propose deux niveaux de finition : LS, réservé à une berline trois portes destinée davantage à proposer un prix « canon » qu'à être vendue, et GLS, disponible sur les quatre carrosseries.

À notre connaissance, aucune photo ne représente réellement une 1204 LS ; la voiture qui est présentée comme telle dans le premier catalogue est, à l'évidence, une GLS vue de plein avant dont la lettre « G » a été gommée dans le cartouche de calandre. Cette variante a-t-elle d'ailleurs jamais existé dans la réalité ?

Pour leur part, les 1204 GLS ne se distinguent extérieurement de leurs homologues 1100 GLS que par leurs feux de gabarit disposés aux quatre coins de la voiture, leurs clignotants uniformément orange et leur rétroviseur gauche. À l'intérieur en revanche, les différences sont plus notables. Le volant à trois branches doté d'un cerclo-avertisseur est issu des 1301-1501 tandis que les sièges revêtus de simili côtelé sont spécifiques, dotés d'appuis-tête démontables et formant couchettes. Des ceintures de sécurité trois points sont montées aux places avant et des ceintures ventrales à l'arrière. Feux de recul et de détresse font également partie de la panoplie sécuritaire de la voiture. Enfin, le sol est intégralement couvert de moquette, y compris dans le coffre, non seulement pour donner une impression d'équipement plus recherché, mais encore au profit de l'insonorisation – deux critères importants pour les Américains. Les habillages intérieurs s'harmonisent aux coloris de carrosserie ; garnitures rouges avec une carrosserie Blanc Tacoma ou Gris Murphy, noires avec une caisse Bleu Estoril métallisé, Rouge Borromées métallisé ou Beige Anthéor, marron avec une carrosserie Vert Velasquez ou Gris Mayfair. Au rayon des options, l'acquéreur potentiel trouve bien entendu la transmission semi-automatique Ferodo Verto, qui lui évite d'être trop dépaysé par la boîte manuelle à quatre rapports, de même que la radio et des pneus à flancs blancs pour parachever le style américain.

Dernier argument de vente, le prix : moins de 2 000 dollars ! De 1 643 à 2 043 dollars très exactement, hors options, évidemment.

La presse salue l'intelligence de la conception, les qualités routières et le confort de la voiture. Ainsi, Car and Driver la décrit comme suit : *« l'outil de transport parfait. La réponse de Chrysler à tous ceux qui ont besoin d'une voiture, mais n'en veulent pas ». « Même si* [la voiture] *n'a pas arraché le*

Ci-contre.
Ce feuillet détaille l'équipement et le nuancier des GLS. Pour le millésime 1969, la berline trois portes GLS coûte 1 788 dollars aux États-Unis, contre 1 643 dollars pour la trois portes LS, 1 869 dollars pour la berline cinq portes GLS, 1 963 le break trois portes GLS, et 2 043 dollars pour le break cinq portes GLS.

Ci-contre.
Tout en conservant les mêmes caractéristiques de base, dont la forme du tableau de bord et le caractère transformable de l'arrière, l'intérieur des 1204 GLS présente des différences assez substantielles avec celui des 1100 correspondantes.
Les plus évidentes sont constituées par la sellerie ainsi que les appuis-tête et ceintures de sécurité, deux équipements obligatoires aux termes de la législation américaine, le volant à trois branches et cerclo-avertisseur de même que le tachymètre gradué en miles.

En haut.
Issue d'un grand dépliant distribué à l'automne 1968, cette photo montre la gamme d'importation Simca au grand complet. Si la 1118 ne semble plus faire que de la figuration, les 1204 sont, pour leur part, représentées en force. Avec son choix de distribuer quatre carrosseries, il paraît clair que le constructeur a de véritables intentions sur le marché américain pour tenter de contrer l'insolente Coccinelle. Notons ici la coexistence du break GLS sous les déclinaisons trois et cinq portes. En Europe, l'une a succédé à l'autre ; aux États-Unis, les deux semblent avoir été proposés simultanément quelque temps. Remarquons encore que seule la berline trois portes est proposée en version LS ; la voiture représentée ici est toutefois une GLS dont les graphistes ont seulement gommé le « G » du cartouche de calandre !

SIMCA FRONT-WHEEL DRIVE **1204**

Built by Chrysler in Europe, backed by Chrysler in Canada

bitume de notre piste d'essai, elle a atteint le quart de mile [402 m] *en 20,4 s à 63,2 mph* [soit 101,7 km/h]. *Cela fait de la Simca l'une des voitures de moins de 2 000 dollars les plus vives du marché* ». Par ailleurs, « *la Simca est l'une des voitures ayant le meilleur freinage parmi toutes celles que nous avons essayées* ». Pour *Road Test*, la 1204 « *ne présente pas de gadgets stylistiques ; elle dégage simplement une impression de qualité de conception de fabrication.* » De plus, « *les petites voitures à traction avant se sont forgé une réputation de maniabilité, et la 1204 repousse ces qualités encore plus loin* ». Le Toronto Life magazine estime, pour sa part, que « *la Simca gagne véritablement ses galons dans sa capacité à se transformer en break* ». Plus poétique, mais non moins élogieux, Motor Trend avance que « *Bonnie et Clyde seraient toujours en cavale s'ils avaient volé une Simca 1204 !* » Dès lors, la voiture a-t-elle tous les arguments pour devenir un succès commercial ?

Alors qu'elle devait affirmer la position des imports Chrysler sur le marché américain, seules 7 776 Simca sont finalement exportées vers les États-Unis en 1969, dont une part de 1118. Dès la fin du millésime 1969, une certaine déception est donc de mise. Les 1118, dont le marché s'est maintenant totalement détourné, sont retirées du marché nord-américain, laissant les 1204 seules en piste. Leur gamme est cependant réduite aux berlines trois et cinq portes ainsi qu'au break cinq portes, le break trois portes ayant disparu du programme de fabrication de Poissy. La version d'entrée de gamme LS est également délaissée ; les trois carrosseries subsistantes sont donc toutes proposées en une unique version GLS.

Ci-contre.
Au rang des options figure ce stripping qui rappelle les 1204 engagées en course. Remarquez l'absence de grilles de custode, qui constitue un signe distinctif des berlines envoyées aux États-Unis. Aurait-on pensé que les Américains aimeraient cette touche de sobriété ? Gageons qu'il s'agit plutôt de faire quelques économies en contrepartie du surcoût occasionné par la mise aux normes locales.

Ci-contre de chaque côté.
Peu de changements extérieurs interviennent pour le millésime 1970 ; tout juste peut-on déceler la suppression du cartouche « GLS » de calandre. Ici, deux documents canadiens. Au total, 734 Simca ont été exportées vers le Canada en 1969, puis 899 en 1970.

En bas à gauche.
Dès le millésime 1970, les 1204 reçoivent une batterie de cadrans ronds et peuvent être dotés d'un appareil de climatisation dont l'intégration a été spécialement étudiée pour la voiture. Sa présence se manifeste par un coffrage pourvu de quatre grilles sous la planche de bord. Remarquons aussi la moquette rouge, la radio à gauche et le levier central qui trahit, tout comme l'absence de troisième pédale, la présence du convertisseur de couple Ferodo Verto.

Ci-contre.
Pour 1971, les 1204 reçoivent les évolutions accordées aussi aux modèles du Marché Commun, dont le changement d'identifiants sur la carrosserie. Cette photo diffusée avec le dossier de presse d'octobre 1970 montre une 1204 américaine reprenant les jantes des 1100 Spécial et 1204 anglaises, qui partagent leur cylindrée avec celle-ci. Cette dotation se retrouve aussi sur quelques publicités, mais pas sur les catalogues, dont les clichés sont souvent repris du millésime précédent.

SIMCA 1204

Simca 1204's come in the 3-door sedan pictured above and a 5-door sedan illustrated on the front cover. Both are versions of what economy cars should be! Economical, roomy, tough, slightly sporty and as personal as your favourite arm chair. They're built by Chrysler in Europe and backed by Chrysler in Canada.

La principale nouveauté de l'année-modèle 1970 est constituée par l'introduction d'une nouvelle planche de bord à cadrans ronds, que les automobilistes du Marché Commun vont découvrir bientôt sur les 1100 Spécial, puis les autres. Pour donner une touche de *fun* à une voiture qui en manque peut-être un peu, mais aussi pour rappeler les quelques succès de la 1204 en compétition, un stripping latéral est disponible en option. Le convertisseur Ferodo Verto, la radio et une monte pneumatique à flancs blancs demeurent accessibles moyennant supplément. Au total, neuf teintes sont livrables au cours de ce millésime : Rouge Nogaro, Bleu Calanques, Vert Epsom, Bleu Estoril, Beige Anthéor, Jaune Eifel, Beige Lorelei, Blanc Tacoma et Noir Onyx[2].

Pour autant, et bien que la presse continue de saluer les qualités de la voiture, le succès n'est toujours pas au rendez-vous : à peine 6 000 voitures trouvent preneur au cours de l'année civile 1970, soit à peine autant que l'année précédente. Selon les sources, entre 5 733 et 6 035 Simca 1204 auraient été écoulées aux États-Unis en 1970 ; entre 7 042 à 7 746 Simca auraient été vendues en 1969 – 1118 et 1204 confondues. La Coccinelle continue de se tailler la part du lion, s'appuyant sur son côté indémodable, sa facilité d'entretien et sa réputation de robustesse. À cet égard, les 1204 comme les autres voitures françaises traînent une réputation de frivolité un peu élitiste, avec leur physique souvent particulier et leur technique sophistiquée… Au pays des essieux rigides, des caisses

2. *Pour l'anecdote, Rouge Nogaro devient « Nogard Red » et Beige Lorelei « Loreli Gold » dans le feuillet publicitaire, ce qui témoigne quand même d'un certain amateurisme.*

Ci-contre et ci-dessous.
Le réseau Plymouth n'a pas ménagé ses efforts pour promouvoir les 1204 dans les revues, en y plaçant de nombreux encarts publicitaires. Cette action n'a pas faibli au fil des années, bien au contraire, car il s'agit à partir de 1970 de se défendre face à l'offensive des trois autres « Grands », qui lancent tous leur petite voiture en l'espace de quelques mois. Les bons mots des journalistes, l'arrière transformable et l'air conditionné constituent autant d'arguments, malheureusement insuffisants contre le patriotisme économique des Américains, la réputation de la Volkswagen ou la redoutable intelligence commerciale des Japonais – Toyota en tête.

En-bas.
En janvier 1971, *Car And Driver* confronte deux stars des importations, la Toyota Corolla et la Volkswagen Super Beetle, aux trois nouvelles *subcompact* des constructeurs américains : Chevrolet Vega, AMC Gremlin et Ford Pinto, ainsi que la Simca 1204, qui représente la Chrysler Corporation sur ce marché, à défaut de produit local. La Vega sort victorieuse de ce tournoi grâce à sa polyvalence entre ville et route, mais sa dauphine est la Simca 1204, saluée pour son confort, sa praticité et son efficacité, loin devant la Super Beetle que *« vous pouvez presque aimer pour sa qualité, mais pas tout à fait »* ! Les compliments des essayeurs et la supériorité intrinsèque ne se traduisent toutefois pas toujours en nombre de ventes…

longues comme un jour sans pain et des gros moteurs qui tournent lentement procurant un couple gigantesque, les voitures françaises passent pour des voitures d'ingénieurs ! Lorsqu'ils souhaitent une petite voiture sans céder pour autant aux charmes surannés de la Volkswagen, les Américains se tournent donc plus volontiers vers les petites voitures japonaises simples et solides, Toyota Corolla en tête, qui commencent de faire leur entrée aux États-Unis et au Canada.

Pourtant, le mouvement vers la petite voiture, deuxième voire troisième monture du foyer, est suffisamment significatif au tournant des décennies 1960 et 1970 pour que les grands constructeurs américains s'y intéressent enfin de près. Au printemps 1970, le plus petit d'entre eux, l'American Motors Corporation (AMC), ouvre le bal avec sa Gremlin, version raccourcie à deux portes de sa Hornet. General Motors lui emboîte le pas avec la Chevrolet Vega, dont la production commence le 26 juin 1970 et dont la commercialisation débute à l'automne suivant. Puis, la Ford Pinto

entre dans la danse dès le 11 septembre 1970. Toutes trois s'affichent autour de 2 000 dollars, précisément comme les Simca 1204, Volkswagen Coccinelle ou autres Toyota Corolla.

Alors que les trois autres Grands créent de la sorte de petites voitures strictement américaines, Chrysler continue de tabler sur ses imports venues d'Europe. Pour l'Amérique comme pour l'Europe, les dirigeants du Pentastar se désintéressent de toute manière de ce type de véhicules, moins à même, selon eux, de générer de juteux profits que les modèles *full-size* tels que les Chrysler New Yorker et les Imperial.

Afin de ne pas partir totalement perdants, ils axent néanmoins leur communication sur l'entrée au catalogue des options d'un conditionnement d'air dessiné spécialement pour s'adapter à la voiture. Son efficacité a pu être démontrée lors de la présentation des voitures du nouveau millésime à Dallas, sous un soleil de plomb. En revanche, seules deux versions subsistent en concessions, avec les berlines trois et cinq portes GLS, le break cinq portes étant retiré du programme d'importation. Parmi les autres changements, l'on retrouve ceux qui affectent les modèles français, à savoir l'évolution du lettrage « SIMCA » sur le capot et sur le coffre ; le cartouche « Simca » noir monté sur les modèles européens voisine ici avec un autre cartouche « 1204 » à fond rouge. Fait à noter, les décorations façon rallye ne sont plus mentionnées sur le catalogue d'octobre 1970, mais perdurent sur divers clichés publicitaires. Enfin, la palette des teintes évolue notablement : si le Blanc Tacoma, le Rouge Nogaro, le Bleu Estoril métallisé, le Beige Anthéor, le Jaune Eifel et le Beige Lorelei métallisé subsistent, le Bleu Calanques, le Vert Epsom et le Noir Onyx disparaissent au profit du Beige Doré métallisé, du Turquoise métallisé et du Rouge Sarde[3].

Malgré les bons mots de journalistes et les publicités qui continuent d'émailler régulièrement les magazines

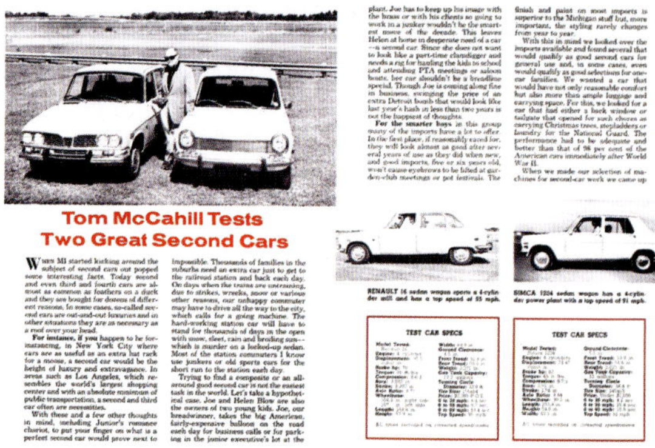
Tom McCahill Tests
Two Great Second Cars

Ci-contre.
Au tournant des décennies 1960 et 1970, le marché américain est, peut-être plus encore qu'aujourd'hui, totalement différent des marchés européens. Les immenses carrosseries représentant le standard local perturbent en effet nos étalons : ainsi, la Renault 16 est vue là-bas comme une rivale directe à la Simca 1204, alors que vingt centimètres et trois chevaux fiscaux d'écart les font relever de deux catégories bien distinctes de ce côté-ci de l'Atlantique. L'emblématique Thomas McCahill, surnommé « Uncle Tom » (1907-1975), compare ainsi les deux voitures pour *Mechanix Illustrated* de juin 1970. Le titre, « Deux excellentes secondes voitures », en dit long sur la vocation assignée aux imports.

3. *Ces deux dernières teintes sont respectivement celles des premières 1100 Spécial et 1000 Rallye.*

Les 1204 en course

Ci-dessus.
À l'automne 1969, les Relations Presse de Chrysler diffusent cette photographie accompagnée du commentaire suivant :
« Les rallyes gagnent en popularité : Scott Harvey, prépare le Canadian Winter Rally qui se courra du 7 au 9 février. Harvey fait subir à sa traction avant Simca 1204 les épreuves qu'elle devra subir, comme de projeter des gerbes de givre par -30 degrés dans la neige et la glace des Laurentides. Le CWR présente un parcours de 1 200 miles et sera couru par 80 des meilleurs équipages des États-Unis et du Canada. »

Ci-contre.
Les réussites sportives des 1204 en Amérique du Nord ont été relayées par des photos de presse au Canada et aux États-Unis, mais aussi par la documentation à destination du réseau commercial français, en avril 1969. C'est à cette époque que Simca s'oriente de plus en plus résolument vers la compétition. Posant ici aux côtés de son coéquipier Ralph Beckmann avec leurs nombreuses récompenses, Scott Harvey (à droite) a eu un parcours singulier : à la fois ingénieur et pilote, il est au milieu des années 1960 à la tête d'une équipe d'une vingtaine de personnes chargée du perfectionnement des suspensions, freins et autres pièces mécaniques grâce à la compétition. Il a été titré Champion SSCA des Rallyes 1963 et 1965, puis premier Champion des États-Unis SCCA ProRally 1973. Parmi ses autres faits d'armes, Harvey a également pris part au Rallye Monte-Carlo en 1964 sur Plymouth Barracuda V6.

Pour tenter de stimuler les ventes de Simca 1204 en Amérique du Nord, Chrysler relaie modestement les succès obtenus par la voiture en course. En janvier 1969, la 1204 menée par Scott Harvey obtient ainsi la victoire à l'Ohio Winter Rally. Une 1204 décroche ensuite la victoire absolue au Rallye des Neiges disputé à Montréal à la fin de l'hiver 1969 ; les cinquième et dix-huitième rangs décrochés par deux autres Simca 1204 permettent en outre à Simca de décrocher la victoire par équipe. Cette dernière est à nouveau obtenue par les voitures engagées par la Division Simca-Rootes de la Chrysler Corporation lors du Canadian Winter Rally grâce à un tir groupé aux quatrième, sixième et septième places. Ces succès sont également relayés en Europe par l'intermédiaire de la revue interne Les Échos Simca, qui tait en revanche toute indication sur les volumes de vente…

automobiles, les Simca 1204 ne séduisent qu'environ 2 600 clients en 1971 alors que 10 242 000 voitures sont vendues aux États-Unis dans le même temps… Ainsi mis en perspective, même les chiffres de vente de l'AMC Gremlin en font presque un succès commercial, avec 53 480 exemplaires pour le millésime. Et ce n'est rien en comparaison des deux autres rivales américaines : ainsi, la Ford Pinto est sortie à 352 402 exemplaires des chaînes en 1971, la Chevrolet Vega à 277 705 unités… Par voie de conséquence, Chrysler jette l'éponge et met fin à la carrière de la Simca 1204 à l'été 1971, après seulement trois millésimes. Elle est bientôt remplacée par la Hillman Avenger. Avec sa technique et sa silhouette archi-classique et un nom de baptême devenu pour l'occasion Plymouth Cricket, Chrysler s'est attaché à mettre cette fois tous les atouts de son côté face aux imports japonaises. Le succès n'est pas au rendez-vous pour autant, et ce sont finalement des Mitsubishi qui lui succèdent à compter du milieu des années 1970. Dans l'intervalle, l'absence de petit modèle « maison » s'apprête à faire beaucoup de mal à la Chrysler Corporation après le premier choc pétrolier, mettant le groupe dans une passe si difficile qu'il doit se séparer de ses filiales européennes en 1978. Avec les conséquences que l'on sait sur Simca…

Les Simca 1204 face à la concurrence aux États-Unis

En janvier 1971, la Simca 1204 se compare comme suit par rapport à la concurrence : Voir tableau ci-dessous.

Précisons que la climatisation proposée en option au cours du millésime 1971 vaut 265 dollars, soit près de 15 % du prix de vente de la voiture (la trois portes coûte 1 947 dollars).

La Plymouth Valiant de base, considérée jusqu'à la fin des années 1960 comme une petite voiture américaine, possède pour sa part un moteur à six cylindres en ligne de 2 789 cm^3 délivrant 117 ch SAE et 21,4 mkg de couple mesure 478 cm de long et 180 cm de large, ce qui témoigne de l'écart entre le monde de l'automobile standard locale et celui des *imports* et *subcompact* cars. Sans même parler des immenses Imperial, les mécaniques six cylindres et V8 de 3,7 à 7,2 l de cylindrée, les 545 cm de long et les 202 cm de large des Plymouth Fury et Sport Fury, gamme du groupe Chrysler qui est alors la plus diffusée aux États-Unis, constituent plus encore un bon étalon pour juger ce que représente une Simca 1204 pour l'automobiliste nord-américain !

	Simca 1204 2-door sedan	Chevrolet Vega 2300	Toyota Corolla	Ford Pinto	Volkswagen Super Beetle	AMC Gremlin
Tarif de base	1 875 USD	2 091 USD	1 798 USD	2 070 USD	1 899 USD	1 999 USD
Type et implantation mécanique	4 cylindres en ligne refroidi par eau implanté transversalement à l'avant	4 cylindres en ligne refroidi par eau implanté longitudinalement à l'avant	4 cylindres en ligne refroidi par eau implanté longitudinalement à l'avant	4 cylindres en ligne refroidi par eau implanté longitudinalement à l'avant	4 cylindres à plat refroidi par air implanté à l'arrière	6 cylindres en ligne refroidi par eau implanté longitudinalement à l'avant
Cylindrée (alésage x course)	1 204 cm^3 (77 x 74 mm)	2 294 cm^3 (88,9 x 76,8 mm)	1 166 cm^3 (75 x 66 mm)	1 599 cm^3 (81 x 77,6 mm)	1 585 cm^3 (85,3 x 69,1 mm)	3 801 cm^3 (95,3 x 88,9 mm)
Compression	8,7 : 1	8 : 1	9 : 1	8,4 : 1	7,5 :1	8 : 1
Puissance maximale (ch SAE à t/min)	65 à 3 400	90 à 4 800	74 à 6 000	76 à 5 000	60 à 4 400	137 à 4 300
Couple maximal (mkg à t/min)	9,0 à 2 400	18,8 à 2 400	10,3 à 3 800	13,3 à 3 000	11,2 à 1 600	33,2 à 1 800
Boîte de vitesses	4 vitesses manuelle, entièrement synchronisée	3 vitesses manuelle, entièrement synchronisée	4 vitesses manuelle, entièrement synchronisée	4 vitesses manuelle, entièrement synchronisée	4 vitesses manuelle, entièrement synchronisée	3 vitesses, manuelle à première non synchronisée
Suspension	Roues indépendantes à l'avant, ressorts hélicoïdaux Roues arrière indépendantes, ressorts hélicoïdaux	Roues indépendantes à l'avant, ressorts hélicoïdaux Essieu arrière rigide à l'arrière, ressorts hélicoïdaux	Roues indépendantes à l'avant, ressorts hélicoïdaux Essieu arrière rigide, ressorts à lames disposées longitudinalement	Roues indépendantes à l'avant, ressorts hélicoïdaux Essieu arrière rigide, ressorts à lames semi-elliptiques	Roues indépendantes à l'avant, barres de torsion Roues indépendantes à l'arrière, barres de torsion	Roues indépendantes à l'avant, ressorts hélicoïdaux Essieu arrière rigide, ressorts à lames semi-elliptiques
L x l x h (cm)	394 x 159 x 146	431x 161 x 130	394 x 150 x 137	414 x 176 x 127	408 x 158 x 150	410 x 179 x 142
Empattement (cm)	252	246	233	239	240	244
Poids (kg)	920	1 050	730	940	870	1 200
Performances : temps au quart de mile (402 m), vitesse atteinte	19,6 s, 108,7 km/h	18,6 s, 116,4 km/h	19,8 s, 105,4 km/h	19,6 s, 106,2 km/h	19,8 s, 101,4 km/h	17,8 s, 122,5 km/h
Freins	Disques à l'AV, Tambours à l'AR	Disques à l'AV, Tambours à l'AR	Tambours à l'AV, Tambours à l'AR	Tambours à l'AV, Tambours à l'AR	Tambours à l'AV, Tambours à l'AR	Tambours à l'AV, Tambours à l'AR
Consommation (l/100 km)	8,4	8,7	8,7	9,8	9,8	12,4

Nota : les mécaniques et boîtes de vitesses des voitures américaines citées sont celles correspondant au prix de vente indiqué en tête de colonne, celles donc dont la définition se rapproche le plus des Simca 1204 et des autres imports.

SIMCA 1200 :

CENT DE PLUS POUR UNE GRANDE AVENTURE ESPAGNOLE

Ci-contre. La Simca 1200 fait sa première apparition officielle en terres ibériques à l'occasion du Salon de Barcelone en avril 1969. Pour qu'elle paraisse sous son meilleur jour, la présentation retenue est assez cossue ; elle s'apparente à celle de la GLS française, mais sans enjoliveur de custode et avec un toit vinyle. L'imposante antenne sur l'aile côté conducteur trahit la présence d'un poste radio.

La Simca 1100 est certes une voiture bien française, mais elle est également un vrai véhicule espagnol, assemblé en banlieue madrilène de 1969 à 1981 par Barreiros Diesel SA, rebaptisée Chrysler España avant de devenir Talbot.

Si l'aventure entrepreneuriale d'Eduardo Barreiros débute dès le milieu des années 1920, l'entreprise n'en vient à la fabrication de véhicules automobiles qu'au courant des années 1950 par le biais des camions, avant de se tourner vers les autobus et les camionnettes Tempo conçues en Allemagne. Au début des années 1960, la position dominante de Pegaso sur le marché espagnol du poids lourd incite cependant Eduardo Barreiros à rechercher d'autres axes de développement pour donner un nouveau souffle financier et industriel. Contact est pris avec Chrysler, qui s'efforce alors de s'ancrer sur les principaux marchés européens, comme Ford et General Motors l'ont fait depuis des décennies. Un accord est trouvé en 1963, en vertu duquel Chrysler reçoit 35 % du capital de Barreiros Diesel SA en 1964, puis 5 % supplémentaires en 1965, en échange de 20 millions de dollars au total. L'année suivante commence

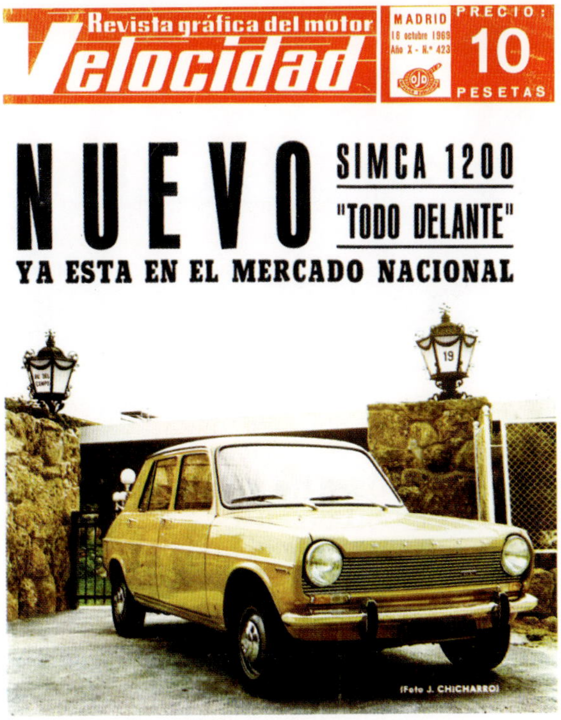

Ci-contre.
La revue *Velocidad* fait sa une, le 18 octobre 1969, avec la nouvelle Simca 1200 « tout à l'avant », officiellement distribuée depuis la veille. *« Le prix de vente de cette voiture est d'environ 127 000 pesetas. À première vue, ce tarif peut paraître un peu élevé, mais un examen approfondi peut conduire à reconsidérer cet avis ».* Pour justifier ce point de vue, le journal met notamment l'accent sur la conception technique moderne de la voiture et sa praticité.

Ci-contre.
Les premières publicités passées dans la presse par Barreiros jouent sur le même registre, en mettant en avant un slogan éloquent : *« Si vous conceviez vous-même une voiture, elle se présenterait ainsi ».* Ces premières voitures sont encore dépourvues de rappel de clignotant latéral, par la suite caractéristique des 1200. Elles présentent en revanche un petit cartouche « 1200 » sur l'aile avant droite et un cartouche « GL » dans la calandre.

l'assemblage des Dodge Dart et des Simca 1000. Un nouveau constructeur espagnol de voitures particulières est né. L'écart abyssal entre ces deux modèles, un peu à la façon de Citroën en France, laisse cependant Barreiros sans la moindre offre commerciale sur le segment de la voiture moyenne. Alors que Renault, par le truchement de la FASA, et Fiat, par l'intermédiaire de Seat, s'attellent à établir des gammes de plus en plus complètes répondant aux aspirations automobiles croissantes des Espagnols, il devient de plus en plus indispensable à Barreiros d'en faire autant. Les 1301 et 1501 ne retiennent pas les faveurs de l'état-major de Chrysler. Les pensait-on trop directement en rivalité avec les Seat 1500 bien établies ? Peut-être. L'ampleur de ces voitures, pour le marché espagnol de l'époque, empêchait de toute manière d'escompter des scores de vente dignes de la très grande série. À ce titre, la 1100 porte d'autres espoirs : une familiale transformable de gamme moyenne inférieure, n'est-ce pas ce qu'il manquait à l'Espagne ? Cette option semble d'autant plus intéressante qu'aucun modèle Seat n'explore ce terrain.

Dès le lancement à l'automne 1967, la revue *Velocidad* annonce le début imminent de l'assemblage des 1100 dans les ateliers de Barreiros, à Villaverde. La question semble urgente, tant les ventes du constructeur sont inférieures aux prévisions en cette année 1967, faisant ressurgir des difficultés financières, tant et si bien que Chrysler porte à 77 % son emprise sur le capital de l'entreprise. En 1970, le géant américain parvient même à conquérir 97,53 % du capital. Comme il l'avait fait avec Simca en France, il est devenu graduellement propriétaire plein et entier du constructeur en quelques années à peine.

Dès la fin de l'année, un communiqué officialise le lancement de la voiture en terres espagnoles. Il a néanmoins fallu attendre avril 1969 pour que la version locale de notre 1100 soit révélée officiellement dans le pays, à l'occasion du Salon de Barcelone. Ici, elle s'appelle Simca 1200. Les contraintes fiscales locales, différentes[1] de celles pesant sur le marché français, ont en effet permis d'adopter sans le moindre préjudice financier pour l'acheteur un moteur de cylindrée supérieure fixée à 1 204 cm^3 (74 x 70 mm), comme sur les 1200 S et les 1100 destinées au marché américain... Une façon d'amortir les outillages. La puissance est peu ou prou identique à celle du 1 118 cm^3 des 1100 GLS françaises, avec 59 ch DIN à 5 800 t/min, mais le couple est porté à 9,2 mkg à 3 400 t/min.

La voiture exposée au Salon de Barcelone se présente comme une GLS à l'équipement enrichi d'un toit vinyle et d'une radio. De l'extérieur, on la reconnaît donc à son antenne plantée sur l'aile avant côté conducteur, mais aussi à des chapeaux de roues semblables à ceux montés sur les 1000 espagnoles, frappés du logo Barreiros. La commercialisation est prévue pour l'automne suivant.

Le premier modèle de série est un peu moins bien loti ; il se présente sous des atours de la GL écoulée ailleurs en Europe, se différenciant seulement par quelques petits détails

1. *Il n'existait alors en Espagne que deux catégories fiscales, jusqu'à 7 CV et au delà, la limite se situant autour de 850 cm^3.*

Ci-contre.
À partir du Salon de Barcelone 1970, la 1200 vendue depuis l'automne précédent est flanquée d'une version mieux équipée qui rappelle la voiture présentée un an plus tôt. Le toit vinyle est l'élément de finition le plus emblématique des voitures espagnoles ; il permet de protéger l'habitacle des rayons torrides du soleil estival. La publicité reprend les codes de la campagne de lancement en précisant la vocation de cette nouvelle GLE : *« Quand le Président de la banque a conçu sa 1200, il y a apporté quelques changements ».* En somme, il s'agit d'une voiture cossue pour ceux qui ne veulent ou ne peuvent s'afficher dans une Dodge Dart assemblée localement.

Ci-contre.
Gros plan sur les enjoliveurs spécifiques à la 1200 GLE. Frappés du lettrage « SIMCA » en leur centre, leur apparence rappelle les enjoliveurs des 1000 GLS françaises 1966-68. Remarquons aussi le discret liseré blanc sur le flanc du pneu.

Ci-contre.
Publicité pour la 1200 GLE du millésime 1971. La 1200 originelle a été rebaptisée GL et, depuis le 1er juillet 1970, Barreiros Diesel est devenu Chysler España.

de cette dernière : cartouche « 1200 » près du phare avant droit, chapeaux de roues arrondis et petit cartouche « GL » dans la calandre… qui, jamais, n'a existé sur les modèles vendus au nord des Pyrénées. Les différences locales sont plus notables à l'intérieur. En effet, si les caisses arrivent en éléments détachés depuis Poissy selon la formule dite « CKD » (*completely knocked down*), l'habitacle, qui comprend des éléments plus faciles à fabriquer sur place, est traditionnellement la partie d'une voiture grâce à laquelle est atteint le taux d'intégration de pièces locales plus ou moins important exigé par les réglementations nationales protectionnistes. Dans le cas de la 1200, la sellerie, le volant, mais aussi le tableau de bord à trois cadrans ronds sont spécifiques.

Cette unique version disponible au lancement est proposée au prix de 156 000 pesetas. Cette somme peut être comparée aux 145 000 pesetas exigées pour l'achat d'une Seat 124 tricorps, propulsion et à essieu arrière rigide, ou aux 150 000 pesetas nécessaires pour se rendre possesseur d'une Authi-Morris 1300, certes à traction avant et à moteur transversal, mais ne disposant pas d'un hayon, malgré son arrière à pente directe.

Dès le Salon de Barcelone d'avril 1970, la 1200 GL est flanquée par une GLE, pour « Grand Lujo Especial », suivant ainsi la dénomination en vigueur ailleurs en Europe. La GLE se distingue bien entendu à son cartouche spécifique enchâssé à gauche de la calandre, mais aussi par une présentation nettement enrichie. Si elle ne reçoit pas la grille d'extracteur de custode ni le large enjoliveur de bas de caisse guilloché des 1100 GLS finies à Poissy, elles sont en revanche agrémentées d'un toit tendu de vinyle, de joncs d'arches de roues, de pneumatiques plus larges et à liseré blanc ainsi que d'enjoliveurs de jantes à fentes larges rappelant ceux des Simca 1000 GLS françaises des années 1966-68[2]. La dotation intérieure est, pour sa part, enrichie d'une montre électrique, d'une boîte à gants fermant à clé, de sièges inclinables tendus de vinyle et de tissu.

Peu de temps plus tard, le 1er juillet 1970, Barreiros Diesel SA se mue en Chrysler España, en même temps que Simca devient Chrysler France et Rootes, Chrysler United Kingdom. Ce changement de raison sociale n'a strictement aucun impact sur la vie des 1200, qui, comme les 1100, sont et restent des Simca…

Ci-dessous.
À la rentrée 1971, les 1200 espagnoles reçoivent, comme leurs sœurs vendues ailleurs, un nouveau hayon à pente directe et lunette agrandie. Les roues sont désormais à voile perforé et délaissent les tours de jantes chromés. Les garnitures intérieures évoluent légèrement. Ces clichés montrent une berline GLE.

2. *Celles-là même qui apparaissent sur une présérie de break 1100 GLS à trois portes.*

Ci-dessus.
Le Salon de Barcelone 1972 voit apparaître la 1200 Ambulancia, destinée, comme son nom l'indique, au transport de patients et de blessés. Elle se présente sous les traits d'un break dont l'empattement et la longueur sont substantiellement allongés. Cette réalisation est le fait des établissements Carrocerias Pinedo Villamil, spécialiste de l'allongement de véhicules pour divers usages. Sur le même châssis, il aménage également une variante corbillard dotée de seulement deux portes latérales.

Ci-contre.
Cette photo prise montre le travail réalisé par le carrossier : les 45 centimètres supplémentaires donnés à la base se trouvent intégralement rapportés entre les passages de roues et les portières arrière.

À l'automne 1971, les 1200 s'amendent comme leurs sœurs en recevant le nouveau hayon à pente directe et lunette agrandie. Les garnitures intérieures évoluent, les roues sont à voile perforé.

La 1200 Special – sans accent, s'il vous plaît ! – fait son entrée sur le marché espagnol au printemps 1972. Comme en France, celle-ci est mue par une mécanique de 1 294 cm^3 ; avec son carburateur Weber 36 DCNF 25, elle dispose de 75 ch DIN à 5 800 t/min et de 10,5 mkg DIN de couple à 3 400 t/min. Moteur, projecteurs additionnels et sellerie plus soignée, toit vinyle en prime : malgré l'absence de l'un ou l'autre enjoliveur, cette version de la Special n'a strictement rien à envier à celle proposée ailleurs en Europe ! Avec ce véhicule, Chrysler España propose la berline la plus brillante du marché local, prête à se frotter aux FASA-Renault 12 S et aux Seat 1430. La gamme comporte donc désormais trois versions : GL, GLE et Special, affichées respectivement 134 100, 141 500 et 151 600 pesetas.

En septembre 1974, la gamme suit l'évolution des modèles *made in Poissy* et reçoit le nouveau tableau de bord, nettement plus contemporain ainsi que les feux arrière agrandis. La gamme de carrosseries, jusqu'alors circonscrite à la berline cinq portes, s'étend en accueillant le break.

En parallèle, l'offre est restructurée et complétée pour le millésime 1975 : déclinée jusqu'alors en trois versions, la gamme éclate en six variantes. Une 1200 LS apparaît en bas de gamme ; elle est dotée du moteur 1 118 cm^3 à basse compression à même d'accepter l'essence ordi-

Ci-contre.
Grande nouveauté de la rentrée 1972 en terres espagnoles, la 1200 Special, qui fait écho à la Spécial du Marché Commun et du Royaume-Uni. Elle apparaît ici en couverture du numéro du 9 décembre 1972 de *Velocidad*. De l'extérieur, le toit vinyle, les jantes, le rétroviseur rond et, bien sûr, les badges « 1200 Special » la distinguent de ses homologues d'autres pays.

Ci-dessus.
À l'arrière, un feu de recul fait son apparition au centre sous le pare-chocs de la Special. Cette vue issue du catalogue distribué dans le réseau commercial montre aussi une lunette arrière dégivrante.

Ci-contre.
La sellerie ne dépayse pas qui connaît les 1100 Spécial françaises. Jusqu'en 1974, le tableau de bord des 1200 Special conserve l'aspect général de celui monté sur les 1200 originelles, avec toutefois une instrumentation enrichie.

naire. Avec son carburateur monocorps vertical Weber Bressel 32 IBS-5 et une compression de 8,2 : 1, cette mécanique procure 52 ch DIN à 6 000 t/min et un couple maximal de 8 mkg DIN à 3 000 t/min. Ainsi gréée, elle n'atteint pas tout à fait 140 km/h – 138 selon le constructeur. Sa finition est légèrement inférieure à celle de la GL, qui disparaît ; elle se passe notamment de baguettes de ceinture de caisse. La GLE devient GLS ; livrable en berline et en break elle est mue par une mécanique 1 294 cm^3 dont la puissance a été dégonflée à 62 ch DIN délivrés à 5 800 t/min, tandis que le couple atteint 9,8 mkg DIN à 3 000 t/min. L'alimentation s'effectue par un carburateur vertical monocorps Bressel 32 IBS A-22. La berline GLS existe en version « Confort » lui donnant des sièges enveloppants comme ceux montés dans les Spécial ou LX fabriquées à Poissy. La Special continue sa route ; elle reçoit de série des sièges correspondant à ceux de la GLS normale, mais peut aussi être dotée de sièges plus cossus et recevoir un toit vinyle ; elle prend alors l'appellation « Special De Luxe » ou « Special Lujo » selon les documents.

Grâce à ces aménagements, la carrière de la 1200 reçoit un beau coup de fouet et la 1200 LS, conciliant l'intelligence de conception reconnue à la voiture depuis l'origine à une économie d'emploi bien dans l'air du temps est auréolée du titre de Voiture de l'Année 1974 en Espagne. Belle réussite ! Avec 55 302 voitures vendues en 1976, soit le troisième meilleur score du marché espagnol – à très grande distance, il est vrai, des Seat 127, diffusées à 112 532 exemplaires, mais proche de celui des Seat 124, écoulées à 60 066 unités –, Chrysler España est aussi récompensé de ses efforts sur le plan commercial.

Après une année de stabilité, la gamme est à nouveau revue, corrigée et étoffée à l'automne 1976. Désormais, ce

Ci-contre.
Pièce maîtresse de la 1200 Special, voici le moteur 1 294 cm^3 de 75 ch DIN à 5 800 t/min qui l'entraîne à plus de 155 km/h. Sa puissance lui est procurée à la fois par un taux de compression élevé de 9,8 : 1 et un carburateur à double corps à ouverture simultanée qui apparaît à droite entouré du filtre à air.

Ci-dessus.
Cette mécanique fiable et performante est vantée avec un certain sens de l'à-propos dans la publicité : *« Notre secret, c'est la mécanique, pas le mécanicien »* ! (publicité de 1972)

Ci-dessus.
Une 1200 Special en cours d'assemblage sur les chaînes de Villaverde. Située en banlieure de Madrid, l'usine existe toujours aujourd'hui ; elle produit depuis 2014 les Citroën C4 Cactus.

sont les versions à trois portes qui entrent en scène, avec une L dépouillée qui reprend rigoureusement l'équipement de la cinq portes LS, ainsi qu'une LX adoptant les mêmes décors que son homologue bien connue du Nord des Pyrénées. Alors que la L est motorisée par le 1 118 cm^3 de la LS, la LX profite d'une mécanique 1 294 cm^3 coiffée d'un carburateur Bressel 32 IBS-6développant 65 ch DIN à 6 000 t/min lui permettant de flirter avec les 150 km/h. Au tarif de 319 013 pesetas, la 1200 L coûte environ 15 000 pesetas de moins que la cinq portes 1200 LS et s'approche du prix d'une Renault 6 TL, affichée 309 871 pesetas, d'une Seat 127 trois portes, vendue 317 755 pesetas en finition intermédiaire C, ou encore d'une Renault 5 GTL, proposée contre 317 957 pesetas. La toute récente Ford Fiesta, fabriquée pour toute l'Europe à Valence dans une usine édifiée pour elle et qui s'apprête à prendre la tête du marché espagnol, coûte alors 350 407 pesetas en finition de base S, soit environ 2 000 pesetas de plus qu'une 1200 LX.
La carrosserie break est transférée sur la finition LS, tandis que les berlines GLS et GLS Confort poursuivent leur existence. Au sommet de la gamme, la Special est supplantée par la 1200 TI : cette finition se caractérise par une mécanique 1 442 cm^3 qui, coiffée d'un carburateur vertical à double corps à ouverture simultanée Weber 36-DCNVA-11 et dotée d'une compression de 9,5 : 1, délivre 85 ch DIN à 5 600 t/min et un couple maximal de 12,7 mkg DIN à 3 100 t/min. La TI de Villaverde se démarque aussi de son homologue pisciacaise en offrant la possibilité d'être livrée non seulement en berline, mais encore sous forme de break. Extérieurement, cette exécution est d'allure relativement sage ; son esthétique reste très proche de la finition Special qui l'a précédée. Elle ne possède donc ni les jantes alu ni les projecteurs supplémentaires montés sous le pare-chocs avant des versions fabriquées à Poissy. Elle inclut en revanche un spoiler sous le pare-chocs avant, ainsi que, sur les berlines, un spoiler en haut du hayon et un toit vinyle.

Ci-dessous.
En 1974, la berline GL se maintient en bas de la gamme 1200 aux côtés des GLE et Special. Sa finition correspond à celle de la GL disparue de France plus qu'à celle de la LS. Elle justifie ainsi un surcoût de l'ordre de 15 % par rapport à la 127 quatre portes – certes dépourvue de hayon – et un tarif semblable à celui de l'Authi-Austin Victoria. La Simca, la Seat et l'Authi coûtent respectivement 183 955, 156 159 et 185 362 pesetas en 1974.

Ci-dessous.
La famille 1200 année-modèle 1975 au grand complet. L'introduction du tableau de bord qui dote les véhicules montés à Poissy pour les autres marchés, l'arrivée des appellations LS et GLS ainsi que l'introduction du break peuvent laisser songer à un alignement sur la gamme distribuée au sein du Marché Commun. L'offre espagnole conserve néanmoins sa singularité, avec des déclinaisons GLS Confort et Special De Luxe particulièrement bien finies. En devenant GLS, la gamme intermédiaire perd le toit vinyle des GLE ; comme la GLS en France en 1970, elle fait un pas en arrière face à la Special.

Ci-contre.
A partir de l'automne 1974, le tableau de bord des 1200 est celui 1100 vendues ailleurs. De haut en bas, l'ensemble des LS, GLS et Special, qui diffèrent par le nombre de cadrans et d'instruments. Nous trouvons ici des déclinaisons GLS Confort et Special De Luxe, reconnaissables notamment à l'allume-cigares. Les branches du volant des LS sont laissées nues.

Ci-contre.
De haut en bas, la sellerie des LS, la plus simple, celle des GLS, partagée avec les Special, et celle des GLS Confort et Special De Luxe, la plus cossue.

La berline 1200 TI est proposée contre un chèque de 405 718 pesetas, à peine plus que pour une Citroën GS Club tarifée 404 051 pesetas, quand l'acquisition d'une berline Renault 12 TS réclame 418 467 pesetas. La prise de possession d'un break 1200 TI exige le paiement de 423 009 pesetas, soit sensiblement le prix d'un break Citroën GS Club, vendu 423 800 pesetas, alors que l'achat d'une Renault 12 TS Familiar se monnaie 438 247 pesetas.

Ci-contre.
Autopista, le pendant espagnol de l'*Auto-Journal*, fait sa une du 12 avril 1975 avec la 1200 LS. La déclinaison efficace de la gamme et le fonctionnement de la LS à l'essence ordinaire, joints à l'intelligence générale de ces véhicules, permet à la 1200 de décrocher le titre de Voiture de l'Année en Espagne pour 1975. Extérieurement, elle se distingue de l'ancienne GL surtout par l'absence de jonc latéral de ceinture de caisse.

Fin 1978, le break TI disparaît déjà ; il n'aura vécu qu'un millésime. Un break GLS lui succède. En parallèle, le constructeur lance une version hybride entre la LX et la TI. Nommée sans grande recherche LX-TI et identifiée sur les catalogues comme LX 1442 par opposition aux LX normales de 1 294 cm^3, cette voiture associe la carrosserie trois portes et la présentation générale de la LX – sellerie rayée des LX Spécial et des GLS 1978 françaises, bandes latérales des LX originelles, calandre noire, mais gréée de deux projecteurs additionnels – à la mécanique 1 442 cm^3 de la TI, qui délivre cette année une puissance un peu moindre que l'année précédente, soit 83 ch DIN à 5 600 t/min. Ainsi motorisée, la voiture atteint les 400 m départ arrêté en 18,9 s, le kilomètre en 35,2 s. Le kilomètre lancé à 40 km/h parcouru sans la quatrième est négocié en 39,2 s et la vitesse de pointe s'établit à 153 km/h. Malgré 26 kg de moins sur la balance que la TI, sa vitesse de pointe perd 8 km/h par rapport à la TI de l'année précé-